Exzessive Internetnutzung im familialen Kontext

Springer Results richtet sich an Autoren, die ihre fachliche Expertise in konzentrierter Form präsentieren möchten. Externe Begutachtungsverfahren sichern die Qualität. Die kompakte Darstellung auf maximal 120 Seiten bringt ausgezeichnete Forschungsergebnisse „auf den Punkt".
Springer Results ist als Teilprogramm des Bereichs Springer Research der Marken Springer Gabler, Springer Vieweg, Springer VS und Springer Spektrum besonders auch für die digitale Nutzung von Wissen konzipiert. Zielgruppe sind (Nachwuchs-)Wissenschaftler, Fach- und Führungskräfte.

Ulrike Braun

Exzessive Internetnutzung Jugendlicher im familialen Kontext

Analysen zu Sozialschicht, Familienklima und elterlichem Erwerbsstatus

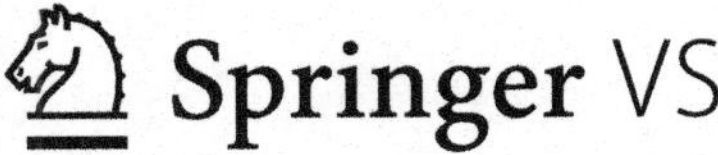

Ulrike Braun
Universität Hamburg
Deutschland

OnlinePLUS Material zu diesem Buch finden Sie auf
http://www.springer-vs.de/978-3-658-04196-0

ISBN 978-3-658-04196-0 ISBN 978-3-658-04197-7 (eBook)
DOI 10.1007/978-3-658-04197-7

Die Deutsche Nationalbibliothek verzeichnet diese Publikation in der Deutschen Nationalbibliografie; detaillierte bibliografische Daten sind im Internet über http://dnb.d-nb.de abrufbar.

Springer VS

Gedruckt auf säurefreiem und chlorfrei gebleichtem Papier

Springer VS ist eine Marke von Springer DE. Springer DE ist Teil der Fachverlagsgruppe Springer Science+Business Media.
www.springer-vs.de

Danksagung

Ich möchte mich an dieser Stelle sehr herzlich bei Herrn Prof. Dr. Rudolf Kammerl bedanken; Gutachter der vorliegenden Arbeit und Leiter der dieser Untersuchung übergeordneten Studie „EXIF – Exzessive Internetnutzung in Familien".

Vielen Dank für die Bereitstellung des quantitativen EXIF-Datensatzes, die hervorragende Betreuung und Unterstützung, für die bekräftigenden Worte und die angenehme Zusammenarbeit!

Außerdem danke ich meinem Freund Hendrik Fritsche. Für alles.

Inhalt

1 Auf den Anhang kann unter www.springer.com auf der Produktseite zu diesem Buch als zusätzliches Material zugegriffen werden.

Abbildungen und Tabellen

1. Einführung

Kinder und Jugendliche wachsen heute wie keine Generation vor ihnen mit einem omnipräsenten Medienangebot auf, das beinah alle Bereiche der Lebenswelt abdeckt. Jugend- und Medienforscher[2] haben die Bedeutsamkeit von Medien im Jugendalter vielfach hervorgehoben und ihren Zuwachs an Sozialisationsmacht im Vergleich zu anderen Instanzen wie Schule oder Familie betont (vgl. Hoffmann/Mikos 2010: 8). Computer und Internet haben das Leben global revolutioniert. Das Internet ist mit seiner Fülle an Möglichkeiten zu dem bedeutendsten und mächtigsten Werkzeug des Menschen (vgl. Shek et al. 2013: 2776) und das Wissen um die Nutzung und den Umgang in vielerlei Hinsicht essentiell geworden. So ist die Onlinebewerbung um Studienplatz oder Job mittlerweile Prämisse ebenso wie die obligatorischen EDV-Kenntnisse in Schule oder Beruf. Auch in die Zimmer der Kinder und Jugendlichen hält das Medium Einzug, wobei diese sich zuweilen weitaus besser mit Computer und Internet auskennen als die Elterngeneration. Kaum ein Jugendlicher kann sich sein Leben mehr ohne soziale Netzwerke wie facebook® vorstellen. Die Nutzung der so genannten „Neuen Medien" birgt jedoch auch Risiken. Seit vielen Jahren läuft der kontroverse Diskurs über Internet- oder Computernutzung in Öffentlichkeit und Wissenschaft. Einerseits ist Medienkompetenz in dieser digitalen Gesellschaft zu einer Kernkompetenz geworden, es gibt eine Vielzahl von Lernsoftware für alle erdenklichen Themenbereiche und jede Altersstufe, eLearning-Plattformen und vieles mehr, sogar einigen Computerspielen wird ein „bildungsförderndes Potential zugeschrieben" (Kammerl 2010: 21). Andererseits wächst die Zahl wissenschaftlicher Studien verschiedenster Disziplinen wie der psychologischen, soziologischen oder medizinischen zu Internet- bzw. Computerabhängigkeit. Wissenschaftler sind sich zuweilen uneinig, ob man hierbei überhaupt von einer Abhängigkeit sprechen kann, ob es sich um ein eigenständiges Krankheitsbild oder eine Komorbidität einer psychischen Erkrankung handelt. Es ist jedoch von äußerster Bedeutsamkeit, den Fokus solcher Studien nicht ausschließlich auf die Betroffenen zu legen. Vor allem bei Jugendlichen ist das Umfeld, allen voran das familiäre, in höchstem Maße prägender Faktor; die Familie ist der erste Ort für das Sammeln medienfokussierter Erfahrungen. Medien und ihr Umgang sind zu

---

2 Zum Zwecke eines besseren Leseflusses wird in der vorliegenden Arbeit das generische Maskulinum verwendet. Die Formulierung schließt stets beide Geschlechter ein. Bei inhaltlicher Bedeutung einer geschlechtsspezifischen Differenzierung wird dies sprachlich kenntlich gemacht.

einem festen Bestandteil sowohl der schulischen Ausbildung, vor allem aber der elterlichen Erziehung geworden. Unlängst schmückt das Thema Medien im familiären Rahmen und erzieherischen Kontext die Titelblätter moderner Zeitschriften wie Stern oder Spiegel.[3] Medien sind heutzutage integraler Bestandteil von Sozialisation in den Familien (vgl. Kammerl 2011a). Die Bedeutung der Medienerziehung wird nicht nur von Eltern oftmals unterschätzt, obwohl sie eine relevante Rolle bei exzessiver oder pathologischer Computer- und Internetnutzung spielt (vgl. Hirschhäuser 2012, 109). Entgegen dem einseitigen Aspekt der Medienwirkung, dem Medium selbst wohne ungeachtet individueller Charakteristika des Nutzers ein Suchtpotential inne, folge ich der Perspektive, dass bestimmte familiale Prädispositionen eine pathologische Computer- und Internetnutzung begünstigen, zeigt doch schließlich nur ein minimaler Teil der Internetnutzer pathologische Auffälligkeiten. Auch für die Entstehung substanzgebundener Abhängigkeiten konnten bestimmten familialen Bedingungen Risiken attestiert werden (vgl. Kandel 1996; Charvoz et al. 2002; Pinquart/Silbereisen 2005), die Parallelen zu pathologischer Internetnutzung aufweisen. Familientheoretiker nehmen an, dass verschiedene systemische Familienfunktionsprozesse wie Kommunikation, emotionaler Ausdruck und Konflikte mit abhängigem Verhalten in Verbindung zu bringen sind (vgl. Shek et al. 2013: 2795).

> „Different dyadic processes are (…) related to addictive behavior in adolescents. These dyadic family processes include parental marital problems, improper parenting such as loose parenting, prolonged parent-child conflicts, and problematic parent-child relationship. According to family systems perspective, habitual behavior within relationships such as parental overcontrol or overdetachment leads to adolescent developmental problems. In structural family therapy models (…) intergenerational conflict can lead to Internet addiction problem in adolescents“ (ebd.).

Die vorliegende Arbeit konzentriert sich demnach bewusst auf die Familie als schützendes oder auch gefährdendes Umfeld, da Eltern sowohl positiven als auch negativen Einfluss auf den Mediengebrauch ihres Kindes nehmen (vgl. Six et al. 2002: 204f) und somit auch Ursache für exzessiven oder pathologischen Internetkonsum des Jugendlichen sein können.

In dieser Arbeit werden familienklimatische Bedingungen eindringlich instruiert und ihre Auswirkungen auf die jugendliche Internetnutzung aufgezeigt. Anhand vielfältiger wissenschaftlicher Erkenntnisse neuerer Forschung werden sozialschichtspezifische Diskrepanzen tiefgreifend durchleuchtet und lenken zu der Einsicht eines Ungleichgewichtes hinsichtlich des Medienkonsums. Darüber hinaus wird der Aspekt des elterlichen Erwerbsstatus und sein Einfluss auf die jugendliche Computer- und Internetnutzung aufgegriffen und alle Faktoren miteinander ver-

3 z.B. Der Spiegel, Heft 19, 07. Mai 2012: „Facebook: 901 Millionen Menschen gefällt das: Warum eigentlich?“; Stern, Heft 33, 09. August 2012: „iSolation“; oder stern Nido - Wir sind eine Familie, Heft 10, Oktober 2012: „Wie oft darf mein Kind fernsehen?“

knüpft. Anschließend widmet sich der empirische Teil der Überprüfung der aus dem theoriebasierten Hintergrund abgeleiteten Hypothesen. Hierzu erfolgt eine Sekundäranalyse der Repräsentativerhebung der Studie „EXIF – Exzessive Internetnutzung in Familien" der Universität Hamburg, die unter der Leitung von Prof. Dr. Rudolf Kammerl durchgeführt (unter Mitarbeit von Lena Hirschhäuser, Moritz Rosenkranz, Christiane Schwinge, Sandra Hein, Lutz Wartberg und Kay Uwe Petersen; erstmalig online publiziert am 14.März 2012) und vom Bundesministerium für Familie, Senioren, Frauen und Jugend gefördert wurde.[4]

Der folgende Abschnitt (2) gibt zunächst einen Überblick über den Status Quo der bisherigen Forschung, der perspektivisch diskutiert wird. In den nachfolgenden Kapiteln wird die starke Bedeutung der Familie für die Entwicklung des Jugendlichen durchleuchtet und die Verknüpfung zu dem Phänomen des exzessiven und pathologischen Computergebrauchs herausgestellt. Es wird erörtert, wie Erziehungsziele und -praktiken an familiale Atmosphäre und sozioökonomischen Status[5] geknüpft sind und verstärkt auf die innerfamilialen Beziehungen eingegangen. Nach einer kurzen Zusammenfassung themenfokussierter Theorien und Zugänge zu familialer Sozialisation (3.1) ist hierzu die Darlegung des spezifischen Eltern-Kind-Verhältnisses in der Adoleszenz notwendig (3.2), bevor die Richtung auf die Computer- und Internetnutzung gelenkt und die Bedeutung von Beziehung und Erziehung herauskristallisiert werden kann (3.3). Darauf folgt der Fokus auf das erste Strukturparameter, die Sozialschichtzugehörigkeit (3.4), in dem die spezifischen Diskrepanzen durch Erkenntnisse neuerer Forschung dargelegt werden, bevor auf den elterlichen Erwerbsstatus eingegangen wird (3.5). Der theoretische Teil der Arbeit schließt mit der Erörterung familienklimatischer Aspekte und ihrer Verknüpfung zu den gegeben Lebenslagen und -bedingungen ab (3.6). Im daran anschlie-

4 Das Projekt startete im Oktober 2010 mit dem Ziel, Zusammenhänge zwischen exzessiver Computer- und Internetnutzung und der familialen Interaktion zur Verbesserung der Hilfs- und Beratungsangebote festzustellen. In dem triangulativen Projekt wurden zwei qualitative Module für die Generierung des standardisierten Fragebogens des quantitativen Moduls herangezogen. Mittels dieses Fragebogens wurden Jugendliche und jeweils ein Elternteil in bundesweit 2000 Haushalten zu deren Computernutzungsverhalten und ihrer Problemwahrnehmung diesbezüglich befragt. Auf dieser Grundlage wurden drei verschiedene Gruppen generiert: die Gruppe e umfasst all diejenigen Familien, bei denen die Computernutzung der Jugendlichen lediglich aus der Sicht der Eltern besorgniserregend ist, während weder der Jugendliche diese Einsicht teilt, noch aus wissenschaftlicher Perspektive gleiches nachgewiesen werden kann. In der Gruppe der dreifachen Problemdefinition (w_e_k) empfinden sowohl Eltern als auch Jugendliche das Nutzungsverhalten als problematisch. Ebenso wird eine pathologische Verhaltensweise wissenschaftlich diagnostiziert. In der dritten Gruppe, der Problemlosgruppe besteht aus keiner der drei genannten Perspektiven eine problematische Computer- und Internetnutzung (vgl. Rosenkranz 2012: 115ff).

5 Im Interesse einer Vergleichsgewährleistung zu theoretischen Konstrukten und anderen empirischen Erkenntnissen wird in dieser Untersuchung gemäß des in der EXIF-Studie verwendeten Erhebungsinstrumentes zur Erfassung des sozioökonomischen Status von Schichten gesprochen. Wie in allen empirischen Untersuchungen bewegt sich der Schichtbegriff auch in dieser Arbeit auf neutraler Basis und ist konnotationsfrei.

ßenden empirischen Teil wird zunächst das Forschungsinteresse entsprechend abgeleitet, aus dem Fragestellungen und Hypothesen spezifiziert werden (4). Auf die Deskription der Erhebungsinstrumente und die Dokumentation der Operationalisierung (5) folgt die Ergebnissicherung und eine erste Verortung im Lichte der instruierten Theorie (6). Abschließend werden die Ergebnisse kurz und prägnant resümiert (7), dem die Ableitung der sich aus der Verbindung von Theorie und den hervorgebrachten Erkenntnissen ergebenden Konsequenzen folgt (7.1 und 7.2), bevor Ergebnisse und Methodik umfassend diskutiert und kritisiert werden (7.3), das Fazit gezogen und ein Ausblick gegeben wird (7.4).

2. Exzessive Computer- und Internetnutzung Jugendlicher – Überblick über den aktuellen Forschungsstand

Exzessive Computer- und Internetnutzung wird global kontrovers diskutiert. Sie hat die Debatte um das Vielfernsehen zurückgedrängt, wenn nicht sogar abgelöst. Bislang gibt es jedoch keine einheitliche Beschreibung des Phänomens des ausufernden Computergebrauchs. In der Literatur findet sich eine Vielzahl von Begriffen, wie „problematic Internet use (PIU), pathological computer use (PCU) [oder] Internet addiction disorder (IAD)“ (Shek et al. 2013: 2777), die alle die Symptome der Internetabhängigkeit zu vereinen suchen. Internetabhängigkeit ist indes kein neuartiges Thema dieser Zeit, sondern wird bereits seit den 1980er Jahren „als ein nicht stoffgebundenes Suchtverhalten (…) thematisiert“ (Petersen/Wartberg 2012: 15). 1995 prägte Ivan Goldberg in Anlehnung an Kriterien des Abhängigkeitssyndroms erstmals den Begriff *Internet addiction disorder* (vgl. Shek et al. 2013: 2776). Bereits 1998 kennzeichnete das „Centre for On-Line Addiction“ (ebd.: 2777) fünf spezifische Typen der Internetabhängigkeit: 1. „Cybersexual addiction“ fasst die Abhängigkeit online zugänglichen, pornographischen Materials und Interaktion; 2. „Cyberrelationship addiction“ beschreibt eine Abhängigkeit von virtuellen Online-„Freundschaften“, die reale Beziehungen zu Freunden und Familie verdrängen oder ersetzen; 3. „Net-compulsion“ steht für obsessive Onlineaktivitäten (einschließlich Onlineglücksspiel, Onlinehandel und Onlineauktionen); 4. Auch obsessives Surfen oder Recherchieren ohne erkennbaren Grund kann suchtartige Züge annehmen und wird unter „Information overload“ geführt. Unter 5. „Computer addiction“ fällt exzessives Computerspielen (vgl. ebd.: 2777f). Die Expertenmeinungen sind jedoch divergent; gibt es so etwas wie eine Computer- oder Internetsucht überhaupt? Handelt es sich tatsächlich um eine Sucht? In den internationalen Klassifikationskatalogen ICD-10[6] oder DSM-IV-TR[7] gibt es derzeit keine eigenständige Klassifikation pathologischen oder suchtartigen Computergebrauchs. Einige wissenschaftliche Studien orientieren sich an den Kriterien des Abhängigkeitssyndroms im

6 „Die Internationale statistische Klassifikation der Krankheiten und verwandter Gesundheitsprobleme, 10. Revision, German Modification (ICD-10-GM) ist die amtliche Klassifikation zur Verschlüsselung von Diagnosen in der ambulanten und stationären Versorgung“ (DIMDI 2012, http://www.dimdi.de/static/de/klassi/icd-10-gm/).

7 Textrevision der vierten Auflage des Diagnostischen und statistischen Handbuches psychischer Störungen zur internationalen statistischen Klassifikation der Krankheiten und verwandter Gesundheitsprobleme (deutsche Bearbeitung von Saß et al. 2003).

Zusammenhang mit dem Gebrauch psychotroper Substanzen (vgl. Timothy et al. 2012: 4f). Andere wiederum fassen es unter den Persönlichkeits- und Zwangsstörungen zusammen. Viele Studien lehnen die Parameter jedoch an die Kriterien pathologischen Glücksspielens an, die unter Störungen der Impulskontrolle subsumiert werden (vgl. Durkee/Kaess et al. 2012: 2211; Timothy et al. 2012: 4f). Hier entwickelt sich eine Abhängigkeit von der eigenen, durch Kontrollverlust gekennzeichneten, exzessiv betriebenen Verhaltensweise selbst, die starke Belohnungseffekte im Gehirn nach sich zieht (vgl. Grüsser et al. 2005: 190). Das menschliche Gehirn unterschiedet nicht zwischen einer extern zugeführten Substanz, die eine Belohnungsreaktion auslöst, „und körpereigen vermittelter Wirkung eines exzessiven, belohnenden Verhaltens" (ebd.). Aufgrund dieser Gegebenheiten werden für die Entstehung und Aufrechterhaltung dieser Verhaltensweisen zum Teil ähnliche Erklärungen wie für den Missbrauch psychotroper Substanzen (z.B. Lernprozesse wie etwa die klassische und operante Konditionierung oder neurobiologische Veränderungen) herangezogen (vgl. Grüsser/Rosemeier 2004: 132.). Nicht selten wird Internetabhängigkeit als ein gänzlich vom konsumierten Inhalt losgelöstes Phänomen beschrieben. Hier wird eine Abhängigkeit vom Medium als solchem, dem das Abhängigkeitspotential als Technologie immanent sei, postuliert (vgl. Schorr 2009: 339). Es sollte jedoch zwischen einer Abhängigkeit vom Internet selbst und solcher, bei der das Internet der Befriedigung eines ganz anderen Dranges (etwa Onlineglücksspielabhängigkeit) als bloßes Mittel zum Zweck dient, unterschieden werden (vgl. Timothy et al. 2012: 2). So besitzen unterschiedliche Internetanwendungen auch verschiedenartig ausgeprägte Suchtpotentiale (vgl. Wölfling/Müller 2010: 311). In Anlehnung an diese Problematik der Mannigfaltigkeit des Internets schlägt Davis (2001) die Unterscheidung zwischen *spezifischer* und *pauschaler* pathologischer Nutzung vor. Während die *pauschale* Nutzung einen generellen, multidimensionalen übermäßigen Gebrauch deklariert (hierzu zählt z.B. auch der bloße Zeitvertreib online ohne ersichtlichen Grund), bezieht sich die *spezifische* Form auf lediglich einen Aspekt des Internets.

> „Specific pathological Internet use includes those people that are dependent on a specific function of the Internet. Clinical and media accounts of this include overuse (abuse) of online sexual material/services, online auction services, online stock trading, and online gambling. It seems reasonable to assume that these dependencies are content-specific, and that they would exist in the absence of the Internet" (Davis 2011: 188).

Sicherlich nicht zuletzt auch aufgrund der rapiden technischen Entwicklung auf diesem Gebiet und der gestiegenen medialen Heimausstattung ist der Bezug auf Jugendliche, die besorgniserregend viel Zeit vor ihrem Computer verbringen, hingegen eine neuere Problematik, mit der sich hauptsächlich Eltern und andere Familienmitglieder konfrontiert sehen (vgl. Petersen/Wartberg 2012: 15). Jedoch fand „eine Anerkennung als Suchterkrankung (…) bislang – aus guten Gründen – nicht statt: Eine Etikettierung der Internetnutzung könne als Pathologisierung der jüngeren Generation durch die ältere Generation verstanden werden. Die intensive Hinwendung zu den Medien könne auch als Identitätsarbeit interpretiert werden" (Marburger 2003, zit. n. Kammerl et al. 2012: 32). Computerspiele stehen oftmals im Fokus öffentlicher Debatten. Jedoch ist Computerspielen keineswegs nur negativ zu bewerten. So wurden in einigen Studien positive Lernprozesse beim Spielen, vor allem die selektive Förderung handlungsorientierter Aspekte erkannt. „Computerspiele können die selektive Aufmerksamkeit und visuelle Wahrnehmungsfähigkeit (Kontrastsensitivität) (…) sowie das räumliche Vorstellungsvermögen (…) verbessern" (Petersen/Wartberg 2012: 16). Werden andere Aktivitäten wie Lesen, die für wichtige Lernprozesse (wie z.B. Analyse, Reflexion, kritisches Denken, Vorstellungsvermögen) förderlich sind, jedoch aufgrund der erhöhten Zeithinwendung zum Computer vernachlässigt, kann dies abträglich sein (vgl. Greenfield 2009). Bei Computerspielen konzentriert sich das exzessive Verhalten zumeist auf so genannte Massive Multiplayer Online Role Playing Games (im Folgenden nur noch MMORPGs), in denen Spieler sich in virtuellen Welten zu Gemeinschaften zusammenschließen, miteinander kommunizieren und interagieren (vgl. Wölfling/Müller 2010: 310). Ihnen wohnt somit auch eine soziale Komponente inne. Hierbei wirft sich auch die Frage auf, ob und inwiefern solchen Spielen ein Suchtpotential immanent ist. Smyth (2007) teilte zur Untersuchung dieser Frage in seiner randomisierten Studie Studenten in vier Gruppen ein, die über einen Zeitraum eines Monats mindestens eine Stunde pro Woche ein bestimmtes Computerspiel spielten (ein Arcade-Spiel, ein Spiel an der Sony PlayStation®2, ein Solo-Spiel am Computer und ein MMORPG; alle bis auf das Arcade-Spiel waren Fantasy-Abenteuer-Spiele). Individuelle Charakteristika und Vorlieben von Spielern wurden somit als Störfaktoren ausgeschaltet. Smyth resümierte klar einen signifikant erhöhten Einfluss des MMORPGs auf das Nutzungsverhalten im Vergleich zu anderen Videospielen (vgl. Smyth 2007: 719).

> „Significant group differences existed in the reported hours of video game play (…), with the MMORPG group reporting more hours played than other groups (…). The MMORPG group also reported significantly worse overall health (…) and worse sleep quality (…). The MMORPG group reported greater enjoyment in the game (…), a greater interest in continuing to play the game (…), and new online friendships to a greater degree (…), yet concurrently reported that game play had interfered more with real-life socializing (…) and schoolwork (…)" (ebd.).

„Als Computerspielabhängigkeit (...) wird derzeit ein psychopathologischer Symptomkomplex bezeichnet, der eine Gruppe von suchtartigen Symptomen zusammenfasst, die infolge einer anhaltenden unkontrollierten Nutzung von Computerspielen auftreten" (Wölfling/Müller 2010: 310). Das steigende Interesse und die zunehmende Thematisierung in den Massenmedien spiegelt die Notwendigkeit der Erforschung dieses Phänomens wider, nicht zuletzt auch aufgrund der immer stärker in

Anspruch genommenen Interventionsmaßnahmen (vgl. Rehbein et al. 2009: 41), die bislang längst noch nicht flächendeckend vorhanden sind. Von enormer Bedeutung ist es jedoch zwischen einer leidenschaftlich ausgeübten Freizeitaktivität und tatsächlich pathologischem Verhalten zu distinguieren. Niemand würde etwa ein musikalisch oder sportlich sehr begabtes Kind, das viel Zeit für sein Hobby aufwendet, als abhängig bezeichnen. „Eine exzessive Computer- oder Internetnutzung eines Jugendlichen [kann] nicht eindimensional auf der Basis der für das Verhalten investierten Zeit beurteilt werden (…), sondern [sollte] unter Einbeziehung von potenziell bestehenden Suchtsymptomen im Zusammenhang mit der psychosozialen Situation untersucht werden“ (Petersen/Wartberg 2012: 19). So konnte auch Young (1998) zeigen, dass Nutzer hohe Nutzungszeiten haben können, ohne sonstige Beeinträchtigungen oder Anzeichen einer Abhängigkeit aufzuweisen.

In der internationalen Forschung hat sich die Einteilung in „‘normale‘ Onlinenutzung, exzessive Onlinenutzung [und] pathologische Onlinenutzung“ (Schorr 2009: 341) etabliert. Doch was ist ein *normales* Maß und wann kann man von einem ausufernden Zeitquantum, einer exzessiven Nutzung sprechen? Das Internet ist eines der wichtigsten Medien der heutigen Zeit; die Nutzungsdauer der über 14jährigen stieg im Verlauf der vergangenen Jahre kontinuierlich an und lag im Jahr 2012 bei 133 Minuten pro Tag an 5,7 Tagen in der Woche (vgl. van Eimeren/Frees 2012: 376). Vallerand et al. (2003) unterscheiden zwischen harmonischer und obsessiver Leidenschaft. Während erstere in Harmonie mit anderen Teilbereichen des Lebens steht, kontrolliert die obsessive Leidenschaft das Leben. Sie entsteht „aus erlebten Defiziten (z. B. mangelnder Selbstwertschätzung) und erfüllt eine innere Bedürftigkeit. Sie kann auch entstehen, wenn das aus der Aktivität resultierende Vergnügen unkontrollierbar wird.“ (Petersen/Wartberg 2012: 17). In der empirischen Untersuchung von Wang und Chu (2007) korrelierte obsessive Leidenschaft positiv mit Computer- und Internetabhängigkeit (Petersen/Wartberg 2012: 17). Im Unterschied zu diesen Leidenschaftsbegriffen, die die Verantwortung beim Handelnden lassen, wird dem „Abhängigen“ diese Verantwortung zu Teilen abgesprochen und Hilfsbedürftigkeit deutlich gemacht (ähnlich wie bei stoffgebundenen Süchten; vgl. ebd.: 17f). Widiano und Griffith betonen zudem, „that it is important to make a distinction between blaming technology for causing the problem and understanding the technology as revealing problems with origins elsewhere“ (Smahel et al. 2012: 2). Es bleibt weiterhin ungeklärt, ob und inwiefern es sich bei diesem Phänomen um ein eigenständiges Krankheitsbild oder um eine Komorbidität einer oder mehrerer anderer psychischer Erkrankungen handelt (vgl. Petersen/Wartberg 2012: 18). Davis (2001) beschreibt pathologische Internetnutzung als Folge einer bestimmten Diathese in Verbindung mit Stress. In seinem „cognitive-behavioral model for PIU“ (Davis 2001: 190) wird Psychopathologie als obligatorischer Grund für die Entwicklung von Symptomen pathologischer Internetnutzung, als notwendiges Element der Krankheitsursache postuliert (vgl. ebd.). Die Prävalenzangaben verschiedener Autoren sind nicht zuletzt aufgrund der o.g. fehlenden Diagnosekategorie äußerst divergent. Zudem ist „die Datenlage (…) defizitär. Die zur Verfügung stehenden Befunde für Deutschland weisen methodische Mängel auf, insbesondere basieren sie nicht auf repräsentativen Stichproben“ (Rumpf et al. 2011: 3). Grüsser et al. (2007) bspw. machten Prävalenzangaben von 11,9% aus einer Stichprobe von 7069 Computerspielern. Neueste Untersuchungen wie die PINTA-Studie schätzen in der Altersgruppe von 14-24jährigen die Prävalenz auf 2,4%[8] (Prävalenzangaben zu pathologischem Glücksspiel liegen bei 0,2-0,5%, ähnlich wie die Abhängigkeitsrate illegaler Drogen). Bei den 14-16jährigen ergab sich eine Rate von 4% (vgl. Rumpf 2011: 3). Auch Angaben zu den Geschlechterverhältnissen divergieren enorm. Laut einigen Autoren seien männliche Jugendliche mit einem Geschlechterverhältnis von etwa 9:1 deutlich überrepräsentiert (vgl. Rehbein et al. 2009: 10ff; Wölfling/Müller 2010: 307ff). Neuere Untersuchungen hingegen berichten von keinem signifikanten Geschlechterunterschied (vgl. Rumpf et al. 2011; Kammerl et al. 2012). Ein anzunehmender Grund für diese starken Divergenzen ist die Tatsache, dass es derzeit kein einschlägig festgelegtes Messinstrument zur Erfassung von Internetabhängigkeit gibt. Die Kriterien, die für eine Einstufung erfüllt werden müssen, werden je nach Studie verschieden festgelegt; es fehlt an allgemein gültigen Vorgaben. Somit stellt die Konstruktion eines validen Messinstruments für pathologische Computernutzung eine große Herausforderung dar (vgl. Meerkerk et al. 2009: 1). Im Folgenden werden einige Überlegungen hierzu exemplarisch angerissen. Zunächst gilt es, klare Kriterien zu benennen, die erfüllt werden müssen, um von einer Abhängigkeit sprechen zu können (vgl. Baier/Rehbein 2010: 246). Einer jeden Abhängigkeit liegt laut ICD-10 ein starker Wunsch, das Suchtmittel zu konsumieren, Schwierigkeiten der Konsumkontrolle oder gänzlicher Verlust derselben, anhaltender Konsum trotz negativer Folgen auf verschiedenen Ebenen (gesundheitlich, beruflich, sozial) sowie Toleranzentwicklung zugrunde.[9] Darüber hinaus können Entzugserscheinungen auftreten (vgl. DIMDI 2012). Die Übertragung dieser Kernkriterien auf exzessive Computernutzung, um pathologisches Nutzungsverhalten klar von leidenschaftlich engagiertem trennen zu können, birgt jedoch Schwierigkeiten, was ein Grund für die zahlreichen verschiedenen Definitionen einzelner Autoren sein mag. Sie ergeben sich bei den Faktoren *Toleranzentwicklung*, *Entzugserscheinungen* und *starkes Verlangen* (vgl. Rehbein et al. 2009: 14). Laut Rehbein et al.

8 Dies ist für die Untersuchungen der vorliegenden Arbeit von besonderem Interesse, da diese Daten mittels der Compulsive Internet Use Scale (kurz: CIUS) erhoben wurden; demselben Messinstrument zur Erfassung pathologischer Internetnutzung, das auch den Daten der vorliegenden Untersuchung zugrunde liegt. Es handelt sich hierbei „um ein eindimensionales, sehr ökonomisches niederländisches Fragebogenverfahren“ (Hirschhäuser et al. 2012: 47), das aus 14 Items besteht und verschiedene, für eine Abhängigkeit relevante Kriterien miteinander vereint (vgl. Kap. 5.1.1.1).

9 Bei einer Toleranzentwicklung bedarf es zum Erlangen des erwünschten Effektes einer Steigerung der Reizquanten. Im Falle des Computerspielens hieße es also, dass zur Erlangung eines Zustands der Zufriedenheit immer mehr und länger gespielt werden muss (vgl. Petersen/Wartberg 2012: 17).

(2009) „ist eher unklar, ob das phasenweise Aussetzen vom abhängigen Spielen prototypisch mit Entzugserscheinungen (…) einhergehen muss" (Rehbein et al. 2009: 14). Zudem kann der Nutzer eine Entzugssituation durch die in der Regel durchgängige Verfügbarkeit des Mediums sehr viel leichter vermeiden als ein von einer illegalen Substanz Abhängiger oder ein Glücksspieler (vgl. ebd.). In Anbetracht dieses Umstandes ist darauf hinzuweisen, dass eine äußerst valide und trennscharfe Abbildung der Dimension zu gewährleisten ist, da es andernfalls zu Fehldiagnosen kommen kann. Der Faktor der *Toleranzentwicklung* etwa ist bei einigen MMORPGs gesondert zu betrachten. In dem Spiel *World of Warcraft* und einigen anderen MMORPGs ist der Spielerfolg direkt an die Spielzeit gekoppelt. „Es wird [durch bestimmte spielinterne Erfolge] unmittelbar belohnt, wenn ein Spieler viel Zeit im Dienst einer Spielgruppe verbringt" (ebd.: 7). Dies veranlasst dazu, diesen Parameter lediglich als diagnostisches Nebenkriterium zu führen. Ähnlich verhält es sich mit dem Charakteristikum des *starken Verlangens*. Da diese Formulierung recht trennunscharf ist, fiele es schwer zu beurteilen, ob ein Spieler tatsächlich ein pathologisch starkes Verlangen verspürt oder ob es sich lediglich um ein engagiertes Spielverhalten im Sinne einer harmonischen Leidenschaft handelt (vgl. ebd.: 14). Baier und Rehbein (2009) verzichteten auf der Grundlage der eben aufgeführten Überlegungen z.B. auf die Subdimension *Toleranzentwicklung* gänzlich (vgl. Baier/Rehbein 2009: 146f). Eine Aufnahme als eigenständiges Krankheitsbild in das Diagnostic and Statistical Manual of Mental Disorders (DSM V), das im Mai 2013 veröffentlicht wurde, hätte diese Schwierigkeiten abgemildert. Im Vorfeld ist hierüber wissenschaftlich kontrovers diskutiert worden. Es wird nun unter Section III (als Stimulus für weitere Forschung) unter der Bezeichnung „Internet gaming disorder"geführt.

Valide Ergebnisse zur Entstehung von Computer- und Internetabhängigkeit stehen derzeit noch aus. Ebenso muss die Frage nach Prädispositionen und damit einhergehend die Frage nach Präventions- und Interventionsmaßnahmen eindringlicher geklärt werden (vgl. Wölfling/Müller 2010: 311). Die Folgen anbelangend konnten Young und Rogers (1998) z.B. zeigen, dass bei Betroffenen der Computer- und Internetabhängigkeit leichte bis mittlere Depressionen auftreten können. Ebenso scheint ein Zusammenhang zwischen Angststörungen, vor allem sozialphobischer Art, vorzuliegen (vgl. Shapira et al. 1998 zit. n. Wölfling/Müller 2010: 310). Darüber hinaus zeigte eine klinische Studie „signifikante Symptombelastung Computersüchtiger, die sich vornehmlich in einer sozialen Ängstlichkeit, Depressivität, Zwanghaftigkeit und Psychotizismus manifestiert" (Wölfling/Müller 2010: 310). Weiterhin wurden paranoides Denken, phobische Angst, Aggressivität, soziale Unsicherheit sowie Somatisierung als Begleiterscheinungen festgestellt (vgl. Wölfling 2010: 271). Bei diesen stark klinisch-medizinisch geprägten Beschreibungen ist jedoch zu beachten, dass es sich bei den Teilnehmern um Patienten einer Klinikeinrichtung handelte. Wölfling (2010) verweist zudem auf die Multimorbidität der Betroffenen und beschreibt Depression im Jugendalter, sozialphobische Störungen und ADHS-Symptomatiken „als ursächlich oder auch sekundär bedingt“ (ebd.: 271). Hierbei ist zu beachten, dass „die Kausalitätsbeziehungen zwischen den diagnostizierbaren Folgeerscheinungen auf körperlicher, psychischer und sozialer Ebene und der subklinischen bis pathogenen Hintergrundsymptomatik (…) bisher weitgehend ungeklärt [scheinen]“ (ebd.). Genauso konstatiert Grohol (2012) den rein explorativen Charakter der bisherigen Forschung auf diesem Gebiet, der es nicht gegeben ist, kausale Beziehungen zwischen den spezifischen Verhaltensweisen und ihrer Ursache zu ermitteln. Die bisherige Forschung erhob zwar Beschreibungen über Verhaltensweisen und entsprechende Emotionen, jedoch könne man auf diese Weise nicht feststellen, ob eine Technologie wie das Internet oder der Computer tatsächlich die beschriebenen Verhaltensweisen verursacht oder ob diese Verhaltensweisen bereits vorher bestanden und möglicherweise eine Art Prädisposition darstellen. Er hält die gezogenen Konklusionen für hochspekulativ und subjektiv (vgl. Grohol 2012).

Auch über den Verlauf der exzessiven Computer- und Internetnutzung ist bislang nur sehr wenig bekannt. Unter diesem Gesichtspunkt wurden zwei Studien publiziert, anhand derer man langfristige Folgen vorsichtig formulieren könnte. Lam und Peng (2010) führten eine prospektive Studie mit 881 chinesischen Heranwachsenden im Alter von 13-18 Jahren in einem Zeitabschnitt von neun Monaten durch. Es zeigte sich, dass pathologische Internetnutzung das Risiko für Depressionen (jedoch nicht für generelle Angstzustände) um das Zweieinhalbfache erhöhte (vgl. Timothy et al. 2012: 14). Die Studie von Gentile et al. (2011) mit 3034 singapurischen Kindern und Jugendlichen konnte als erste und bis dato einzige Studie Ergebnisse liefern zu der Frage, ob Variable wie Depression und schlechte Schulleistungen Prädiktoren oder aber Kriterien für exzessives oder pathologisches Computerspielen seien (ebd.). Man teilte die Spieler in vier Gruppen: (1) die, deren Spielverhalten in den zwei Jahren niemals pathologische Züge annahm, (2) diejenigen, die anfangs nicht zu den pathologischen Spielern gehörten, innerhalb der zwei Jahre jedoch pathologisches Spielverhalten zeigten, (3) die, die nur anfangs zu den pathologischen Spielern gehörten und nach den zwei Jahren moderates Spielverhalten annahmen und (4) die, die zu beiden Messzeitpunkt zu den pathologischen Spielern gehörten (vgl. Gentile et al. 2011, e320ff). Ähnlich wie bei Lam und Peng (2010) konnte hier festgestellt werden, dass sich Depressionen bei Manifestation eines pathologischen Spielverhaltens verstärkten; hinzu kam die Verschlimmerung von Angstzuständen, Sozialphobie und die Verschlechterung der Schulleistungen. Ebenso zeigte sich, dass all diese Symptome sich bei Ablegen des inadäquaten Spielverhaltens verbesserten. Dies veranlasst zu der Annahme, dass diese Parameter weniger Prädiktoren als viel mehr Folgen exzessiven Computergebrauchs sind oder sich allenfalls gegenseitig bedingen. Faktoren, die laut dieser Studie als eine inadäquate Computernutzung verursachend betrachtet werden können, sind eine hohe Impulsivität, geringe Sozialkompetenz und eine geringe Emotionsregulation (vgl. Gentile et al. 2011, e320ff).[10]

Insbesondere für die Familie stellt pathologische und exzessive Internetnutzung eine Belastung und Herausforderung dar. Eltern können jedoch durch erzieherisches Verhalten aktiv sowohl positiven als auch negativen Einfluss auf die Mediennutzung ihrer Kinder nehmen (vgl. Kammerl et al. 2012: 38). Auch bestimmte strukturelle und zwischenmenschliche Gegebenheiten und die Lebensbedingungen der Familie können Ursache für eine exzessive oder pathologische Mediennutzung sein. Aus diesem Grund wird im Folgenden der Bogen von der Computernutzung Jugendlicher zur Familie gespannt und dargelegt, welches Potential der Familie und den einzelnen Mitgliedern inne wohnt. Ich widme mich nachfolgend zunächst der Familie als System und ihrer Rolle als Sozialisationsinstanz, bevor ich auf die Mediennutzung als solches und im familiären Rahmen eingehe.

10 Diese Ergebnisse sind jedoch möglicherweise nicht 1:1 auf andere Nationen übertragbar, da etwaige interkulturelle Differenzen bedacht werden müssen. So wies die EU Kids Online-Studie bspw. selbst zwischen europäischen Staaten gravierende Divergenzen im Hinblick auf die Nutzungsgewohnheiten der 9-16Jährigen nach (vgl. Livingstone et al. 2011).

3. Zur Rolle der Familie für die jugendliche Entwicklung im Fokus der Computer- und Internetnutzung und (medien-)erzieherischer Aufgabenbewältigung

In der Sozialisationsforschung wurde vielfach belegt, dass die Familie neben Schule, Peers und Medien den immer noch stärksten Einflussfaktor für die Entwicklung des Kindes darstellt (vgl. Hirschhäuser et al. 2012: 163). Es existiert „keine einzelne vollausgearbeitete Theorie aus der psychologischen oder soziologischen Tradition, die als solche als »die« Sozialisationstheorie gelten könnte" (Hurrelmann 2006: 39). Seit Jahrzehnten bemühen sich Disziplinen wie die Psychologie oder die Soziologie um eine umfassende Theoriegenerierung. Das heutige Verständnis von Sozialisation ist der Prozess eines Individuums hin zu einem Mitglied der Gesellschaft.

> „D.h. im Prozess der Sozialisation werden Merkmale, Kompetenzen und Dispositionen erworben, die für die Teilnahme in je spezifischen sozialen kulturellen Kontexten wichtig sind: spezifische Sichtweisen, Wissensbestände und Interpretationen des sozialen Lebens; spezifische kognitive Kompetenzen, Handlungskompetenzen, Interaktionskompetenzen und spezifische normative Orientierungen, Gefühle oder Handlungsmotive" (Hopf 2005: 23).

Sozialisationsprozesse sind an Erziehung eng gekoppelt.[11] Der französische Soziologe Émile Durkheim postuliert, dass wir ohne Erziehung den Weg zur Menschwerdung nicht bestreiten könnten; sie ist „die Einwirkung, welche die Erwachsenengeneration auf jene ausübt, die für das soziale Leben noch nicht reif sind" (Durkheim 1973: 44). Seiner Auffassung nach ist der Mensch, „den die Erziehung in uns verwirklichen muss, (…) nicht der Mensch, den die Natur gemacht hat, sondern der Mensch, wie ihn die Gesellschaft haben will" (ebd.). Das Ziel von Erziehung im Sinne von Sozialisation ist es, „im Kinde gewisse physische, intellektuelle und sittliche Zustände zu schaffen und zu entwickeln, die sowohl die politische

---

11 Während „der übergreifende Begriff der Sozialisation beabsichtigte und unbeabsichtigte Einwirkungen auf die Persönlichkeit" (Hradil 2001: 447) bezeichnet, bezieht sich Erziehung nur auf einen Ausschnitt derselben und bezeichnet die bewussten, absichtsvollen und zielgerichteten Handlungen und Interaktionen zwischen Eltern oder Pädagogen und Kindern (vgl. Hradil 2001: 447; Hurrelmann 2006: 17). Erziehung sind diejenigen Handlungen, „durch die Menschen versuchen, auf die Persönlichkeitsentwicklung anderer Menschen Einfluss zu nehmen" (ebd.). Herbert Gudjons (1999) klassifiziert Sozialisation als den Prozess des Sozial-werdens, während Erziehung den Versuch des Sozial-machens darstellt (vgl. Paus-Hasebrink/Bichler 2008: 55f).

Gesellschaft in ihrer Einheit als auch das spezielle Milieu, zu dem es in besonderer Weise bestimmt ist, von ihm verlangen“ (Durkheim 1972: 30).

Der größte Wandel in der Familiensozialisationsforschung kam zu Beginn der 1980er Jahre mit zentralen Erkenntnissen aus der Kleinkindforschung, die „Überlegungen anregten zu einer radikalen Neukonzeption der Einbettung der individuellen Entwicklung in den familialen Kontext“ (Kreppner 1998: 322). Man erkannte die Eltern zunehmend als eigenständig Handelnde, deren Tun nicht nur kindgerichtet in ihrer Rolle als Erzieher ist. Die Sicht der Familie in ihrem Bestandteil aus lediglich zweierlei Dyaden; der Mutter-Kind-Dyade und der Vater-Kind-Dyade als statische Struktur wurde neu geordnet; Familie galt nunmehr als dynamisches Konstrukt. Der Forderung aus der Familien-, Sozialisations- und Therapieforschung nachkommend (vgl. Hofer 2002: 12) konzentriert sich die vorliegende Arbeit auf ein Verständnis von Familie als System und bettet die Betrachtung sozialer Interaktionen zwischen den einzelnen Mitgliedern in das Gesamtkonstrukt Familie ein. Partner in intimen Beziehungen schaffen durch wiederholte Interaktionen eine gemeinsame Beziehungsgeschichte und verflechten somit die Handlungen des jeweils Einzelnen zu einem gemeinsamen Gebilde. Jede Verhaltensweise eines Familienmitgliedes stellt sich durch die Interdependenzen nicht als bloße Reaktion dar, sondern bewegt sich in einem zusammenhängenden Geflecht und ist durch Rekursivität dieser Abläufe geprägt (vgl. Schneewind 2006: 189f; Walper 2008 zit. n. Hein/Hirschhäuser 2012: 22). Der Fokus liegt somit auf der Gesamtdynamik und der Kontinuität, die der Familie als komplexe soziale Einheit innewohnt (vgl. Hofer 2002:12 und S. 20). Das System Familie kennzeichnet eine „homöostatische Eigenschaft“ (ebd.: 12); Interaktionen und Verhaltensweisen oder Probleme Einzelner sind nicht losgelöst vom System zu betrachten oder zu interpretieren. Die Familienmitglieder handeln stets im Sinne einer Gleichgewichtsaufrechterhaltung oder nach etwaigen erwarteten oder unerwarteten Ereignissen der Erschütterung (z.B. beim Übergang des Kindes zum Jugendlichen) einer Wiederherstellung derselben (vgl. ebd.). Dieses Streben nach Balance erfordert gewisse Regelhaftigkeiten etwa in Form von bestimmten Verhaltensweisen, Rollenübernahmen oder auch Gewohnheiten. Cierpka (2008) spricht von der Entwicklung des Einzelnen bei Aufrechterhaltung des Ganzen (vgl. Cierpka 2008: 35). Die Familie muss den Veränderungen durch die Entwicklung des Individuums Rechnung tragen können.

> „»Funktionale« Familien erfüllen dann ihre »Funktion«, wenn sie ihre Entwicklungsaufgaben erfüllen, d. h. dem Kind oder Jugendlichen die Reifung und das psychische Wachstum an den Schwellensituationen (erste Selbständigkeit in Kindergarten und Schule, Veränderungen in der Pubertät, Ablösung vom Elternhaus) ermöglichen. Wenn »dysfunktionale Familien« diese Aufgaben nur ungenügend erfüllen, werden den Familienmitgliedern keine altersentsprechenden Entwicklungsmöglichkeiten geboten“ (ebd.).

Durch die Transformation der Strukturmuster weg vom patriarchalischen hin zum parentalischen Familienleben im Zuge zunehmender gesellschaftlicher Pluralisierung ergeben sich neue Rollenübernahmen und Handlungsoptionen, die auch neue Sozialisationsbedingungen und -impulse für das Kind bedingen. Väter nehmen vermehrt am Erziehungsgeschehen teil und nehmen neben der Mutter die Rolle einer weiteren wichtigen emotionalen Bezugsperson ein. Die familiale Sozialisation formt die Arbeitsmotivation, Vertrauensbereitschaft, Fleiß, Neugier und Experimentierfreude, Ausdauer, Sprachkompetenz u.a.m. (vgl. Wissenschaftlicher Beirat für Familienfragen 2002: 17ff). Somit kommt der Familie auch eine entscheidende Bedeutung für den Bildungserfolg zu. Familien gelten als „primäre Sozialisationsinstanz" (Hurrelmann 2006: 30), und neben Schule und Kindergarten als der wichtigste Vermittler zwischen gegebenen Anlagen des Kindes und äußerer Realität (vgl. ebd.), „da sie gezielt auf die Art und Weise der Aneignung und Verarbeitung der Realität einwirken, vor allem über die Einflüsse der Eltern auf die Persönlichkeitsentwicklung der Kinder" (ebd.). So liegt die Annahme nahe, dass bei gestörter Struktur dieser Vermittlungsgröße auch die Persönlichkeitsentwicklung des Kindes in Mitleidenschaft gezogen werden kann. Hurrelmann formuliert die These, dass „die Persönlichkeitsentwicklung (…) nur dann erfolgreich gelingen [kann], wenn es zu einer guten »Passung« zwischen den körperlichen und psychischen Anlagen und den äußeren Lebensbedingungen kommt" (Hurrelmann 2006: 30). Familie fungiert zudem wie ein sozialer Filter, durch den entsprechende Umwelteinflüsse auf das Kind wirken. „Die Art und Weise, wie die Umwelt wahrgenommen wird, steht in enger Korrespondenz mit Struktur und Inhalt der innerfamilialen Beziehungen und Erfahrungen" (ebd.: 139). Ein Kind nimmt die soziale Welt „durch die Augen des Systems Familie" (ebd.) wahr und ist somit in der Lage, die Umwelteinflüsse zu strukturieren.

> „In allen Theorien und Forschungen zur Sozialisation ist unstrittig, dass die Familie für den größten Teil der Heranwachsenden der zentrale Ort ist für die Herausbildung grundlegender Gefühle und von Wertorientierungen, kognitiven Schemata, Kompetenzen sozialen Handelns, Leistungsmotivation, Sprachstil, Weltdeutungen, Bildung des Gewissens" (Zimmermann 2006: 84).

Betrachtet man das „relativ stabile und konstante Beziehungsnetz der Familie" (Hurrelmann 2006: 30) aus strukturtheoretischer Perspektive, grenzt sich die Familie von anderen sozialen Lebensformen durch „eine hohe Interaktionsdichte, ein besonderes Verhältnis zur historischen Zeit, eine hohe Leibgebundenheit ihres alltäglichen Austauschs sowie eine hohe Personorientiertheit der Beiträge" (Allert 1998: 213) ab. Nach dem Familienpsychologen Voss (1989) gilt Familie als „Sonderform einer sozialen Beziehung zweier Menschen, die sich durch eine spezifische Bindungsqualität von anderen Beziehungen unterscheidet" (Petzold 2001). Petzold erweitert dies um den Aspekt der intergenerationellen Beziehungen (zu der älteren Generation und/oder zu den eigenen Kindern; vgl. Petzold 2001). Diese außergewöhnlichen Bindungs- und Beziehungsqualitäten haben in ihrer Beschaffenheit verschiedenste Auswirkungen auf die kindliche Entwicklung, spiegeln sich in der Erziehungspraxis der Eltern wider und zeigen hohe Korrelation zum Familienklima (vgl. Hurrelmann 2004: 110f).

> „Der innerfamiliale Sozialisationsprozess lässt sich als Mutter-Vater-Kind-Triade charakterisieren, die durch das Funktionieren bzw. durch das Klima der Familie, die Qualität der Paarbeziehung und durch den elterlichen Erziehungsstil bestimmt wird. (…) In Bezug auf das Klima und die Atmosphäre innerhalb einer Familie manifestiert sich auf eine besonders deutliche Art und Weise, dass spezifische elterliche Erziehungseinstellungen eingebettet sind in den größeren Kontext einer Familienideologie oder Familienräson" (Schneewind 1991 und Schneewind/Lortz 1978 zit. n. Ratzke et al. 2008: 248).

Das in dieser Untersuchung verwendete Instrument zur Beurteilung des Familienklimas, die Familienbögen, erfasst „nicht explizit den elterlichen Erziehungsstil" (ebd.: 257), spiegelt jedoch die Erziehungsziele und „die beiden Grunddimensionen des elterlichen Verhaltens, Emotionalität und Kontrolle, als auch die Art und Weise, wie Eltern ihr Tun kommunikativ begründen" (ebd.) wider. Nachfolgend werden deshalb familiale Beziehungs- und Erziehungskonstrukte nahegelegt, um sie anschließend mit medienzentrierten Aspekten verknüpfen zu können, die Komplexität und Untrennbarkeit dieser Bereiche deutlich werden zu lassen und familienklimatische Aspekte im späteren Verlauf der Arbeit verständlich zu machen.

3.1. Themenfokussierte Theorien und Zugänge zu familialer Sozialisation

In der soziologischen Literatur kennt man eine Vielzahl von Erklärungsansätzen für das Konstrukt Familie und die familiale Sozialisation. Jedoch existiert trotz der steten Betonung der Relevanz und der zentralen Funktion der Familien für die Sozialisation des Kindes als Persönlichkeitsentwicklung, „keine umfassende Theorie, mit der die Sozialisationsvorgänge in der Familie erklärt werden könnten" (Nave-Herz 2004: 88). Es haben sich mittlerweile einige verschiedene Zugänge etabliert, „die als Bausteine für eine Analyse familialer Sozialisation dienen können" (ebd.). Familiale Sozialisationstheorien kommen vor allem aus der Sozialpsychologie, der Psychoanalyse und sozialökologischen Zugängen (vgl. Zimmermann 2006: 88), jedoch auch aus der Entwicklungspsychologie, der Differentialpsychologie, der Rollentheoretischen Perspektive, der Lerntheoretischen Perspektive, der ökologischen Perspektive, der systemischen Perspektive und der Bindungstheoretischen Perspektive (vgl. Ratzke et al. 2008: 245ff; das Konstrukt der Bindungstheorie wird in den nachfolgenden Kapiteln aufgegriffen). Im Folgenden wird in eine auf den Fokus der Arbeit abgestimmte Auswahl an Perspektiven der Familiensozialisation eingeführt und ihre Erklärungsansätze diskutiert.

Aus sozialpsychologischer Sicht versucht man vor allem, das Beziehungsgefüge innerhalb einer Familie zu beschreiben. Olson et al. (1979) differenzieren in ihrer

Theorie der *Dimensionalen Beschreibungsmodelle* zwischen *Kohäsion* einerseits, dem Maß für gemeinsame Aktivitäten der Familienmitglieder, emotionale Nähe und die Qualität des familialen Zusammengehörigkeitsgefühls, und *Adaptabilität* andererseits, dem Grad der Anpassungsfähigkeit der Familie in bestimmten Situationen mit Bezug auf die Flexibilität von Prozessen wie Rollenverteilungen oder Kommunikationsmuster (vgl. Olson et al. 1979; Hofer 1992a: 18ff; Petzold 1999: 57f; Zimmermann 2006: 89; Niederbacher/Zimmermann 2011: 77). Diese zwei Dimensionen werden zur Erstellung einer typologischen Matrix des Familienklimas herangezogen (die Aktivitäten können bspw.sweise völlig entkoppelt, getrennt, verbunden oder verstrickt sein, während die Anpassung rigide (sehr niedrig), strukturiert, flexibel oder chaotisch ausgeprägt sein kann; vgl. Hofer 1992a: 19). Anhand dieser Matrix ist es möglich, Familien mit extremen Ausprägungen in diesen Kategorien oder auch balancierte Familien zu identifizieren. Untersuchungen konnten nachweisen, dass balancierte Familien über breit gefächerte Kommunikationsstärken verfügen, Belastungen besser bewältigen können und somit gemäß Olson et al. (1979) ein positiveres Sozialisationsumfeld im Sinne eines positiven Familienklimas bieten als unausgeglichene Familien mit extremen Ausprägungen in einer oder beiden Dimensionen (vgl. Niederbacher/Zimmermann 2011: 77). Olsons Modell war der erste Versuch einer theoretischen Erfassung von Wechselwirkungsprozessen innerhalb von Familien (vgl. ebd.); verschiedene empirische Untersuchungen zeigten die Funktionalität und Brauchbarkeit des Modells zur Einschätzung von Familien auf (vgl. Petzold 1999: 57). Die geringe Trennschärfe und das hohes Abstraktionsniveau wird jedoch kritisiert (vgl. Niederbacher/Zimmermann 2011: 77)

Die *Familienstresstheorie* fokussiert innerfamiliale Krisenbewältigungsstrategien oder Stresssituationen und deren Auswirkungen. Das Interesse gilt der Frage, inwieweit und in welcher Form die familiale Sozialisation von Ausnahmezuständen wie Krisen, belastenden Lebensereignissen oder Stress beeinflusst wird (vgl. Hofer 2002: 29; Zimmermann 2006: 90; Niederbacher/Zimmermann 2011: 79). Ihr Ursprung liegt in allgemeinen Stress- und Bewältigungstheorien, die sich den entsprechenden Umstand und den Umgang des Subjektes damit weniger im Rahmen des familialen Umfeldes als im gesamtgesellschaftlichen Gefüge zum Gegenstand machen (vgl. Hurrelmann 2006: 55). Man unterscheidet zwischen *normalem Stress*, all denjenigen erwarteten, unter Umständen selbst eingeleiteten Ereignissen des Lebenslaufes wie etwa Hochzeit oder Schulanfang, und *außergewöhnlichem Stress*. Letzterer geht über das zu Erwartende hinaus und kann ein vermeintlich freudiges Ereignis wie ein Lottogewinn, aber auch Krankheit, Arbeitslosigkeit oder Trennung sein. Während *normaler Stress* lediglich als belastend erlebt wird, wird *außergewöhnlicher Stress* meist als bedrohlich empfunden (vgl. Hofer 1992a: 25). Für die Analyse ist nun von Bedeutung, welche Ressourcen der Familie zur Wiederherstellung der familialen Ordnung und Organisation, also zur Bewältigung der Krise, zur Verfügung stehen. Diese Ressourcen siedeln sich auf dreierlei Ebenen an; Persönlichkeitsmerkmale von vor allem den Eltern wie bspw. Bildungsniveau, finanzielle Situation, Selbstwertgefühl, aber auch Humor oder eine optimistische Einstellung sind als *persönliche Ressourcen* auf individueller Ebene zu verorten (vgl. Zimmermann 2006: 91). Die *inneren Ressourcen* spiegeln „die Art und Weise des Umgangs mit sich selbst, mit anderen und mit der Außenwelt" (ebd.) wider, während Freunde oder Verwandte, aber auch Hilfsorganisationen wie Wohlfahrtsorganisationen auf dritter und letzter Ebene, der *außerfamiliären Unterstützungssysteme*, angesiedelt sind. Diese Ressourcen der Familie und ihr Einsatz haben maßgeblichen Einfluss auf die Sozialisation von Kindern und Eltern. Hiervon ist abhängig, „ob (...) die Sozialisation in der Familie für die Kinder (...) eher persönlichkeitsstärkend oder eher belastend einzuschätzen ist" (ebd.). Man kann davon ausgehen, dass ein Individuum umso besser mit „ungünstigen sozialen Lebensbedingungen, kritischen Lebensereignissen und andauernden Lebensbelastungen" umgehen kann, je stärker sie „in ein soziales Beziehungsgefüge mit wichtigen Bezugspersonen innerhalb und außerhalb der Familie eingebunden ist" (Hurrelmann 1993: 240). Bei suboptimalem Einsatz oder einem Mangel an Ressourcen können auch dysfunktionale Bewältigungsformen wie etwa Alkohol- oder Drogenkonsum zum Tragen kommen (vgl. Gloger-Tippelt 2007: 161).

Laut Zimmermann (2006) ist der Ansatz familialer Sozialisation aus *sozialökologischer Perspektive* am weitesten verbreitet worden und liefert ertragreiche Ergebnisse in der Sozialisationsforschung. Das Modell basiert auf der Unterscheidung von vier Ebenen: das *Mikrosystem* bildet die Kernfamilie innerhalb divergenter sozialer Strukturen (Beruf der Eltern, Wohnverhältnisse; vgl. Zimmermann 2006: 93; Niederbacher/Zimmermann 2011: 81) ab. Zum *Mesosystem* zählen außerfamiliale Beziehungen (etwa andere Familien, Schule oder Kindergarten). In das *Exosystem* fallen Lebensbereiche, denen das Individuum nicht aktiv zuteil wird (etwa die Firma des Vaters), während das *Makrosystem* die „Rahmenbedingungen der familialen Sozialisation" (Zimmermann 2006: 93) wie z.B. Kindergarten, Babysitter oder ausschließlich elterliche Betreuung umfasst . Dieses Modell ermöglicht eine klare Definition und Zuordnung der Richtung, Art und Beschaffenheit von Einflussfaktoren. Der Familiensoziologe Kurt Lüscher formuliert „drei Thesen zu den Kernbereichen der Sozialisation in der Familie" (Zimmermann 2006: 93):

> „[1.] Genetische Anlagen und Umwelteinflüsse ‚mulitplizieren' sich gegenseitig in dem Sinne, dass günstige (familiäre) Lebensverhältnisse wesentlich dazu beitragen, das biologische Potenzial des Individuums optimal zu entfalten. [2.] Die Erziehungsleistungen von Eltern sind wesentlich davon abhängig, in welchem Ausmaß diese von ihrer sozialen Umwelt anerkannt und unterstützt werden. [3.] Die Entwicklung des Individuums wird wesentlich nicht durch einzelne Ereignisse, sondern durch spezifische, sein soziales Milieu kennzeichnende Sequenzen von Entwicklungsübergängen sowie von Lebenslaufmustern beeinflusst" (Lüscher et al. 1989, zit. n. Zimmermann 2006: 93).

Diesen Thesen können zwei Analyseeinheiten zugeordnet werden. Die familienspezifische Umwelt erfasst zum einen sowohl materielle Ausstattung als auch zum anderen soziodemografische Fakten. Durch das Zusammenspiel und die Zusammensetzung dieser zwei Komponenten entsteht der „potentielle (…) Erfahrungsbereich" (Zimmermann 2006: 95; Niederbacher/Zimmermann 2011: 82) einer Familie. Differente Verteilungen von Möglichkeiten und nutzbaren Ressourcen ist für die Entstehung sozialer Ungleichheiten verantwortlich.

Im Zuge des anhaltenden starken Strukturwandels der Familie in den letzten Dekaden sind die Sozialisationsbedingungen eines Kindes vielfältig geworden wie etwa das Aufwachsen ohne Vater oder Mutter, als Einzelkind, in ärmlichen Verhältnissen, in Scheidung der Eltern, mit Stiefeltern. Unter dieser Berücksichtigung entstanden notwendigerweise weitere Theorien (vgl. Zimmermann 2006: 96ff). Hierauf soll jedoch im Folgenden nicht näher eingegangen werden. Vielmehr wird nun der Blick auf die Interaktionen innerhalb der Familien und ihren Effekt auf die Persönlichkeitswerdung des Heranwachsenden gelenkt, denn familiale Sozialisation stellt kein temporäres Phänomen dar, hat definitorisch keine zeitlichen Begrenzungen im Lebenslauf und kann ein lebenslanger Anpassungs- und Veränderungsprozess sein (vgl. Hurrelmann 2006: 139). Vor allem die Transition vom Kind zum Adoleszenten und der damit verbundene und eingeleitete Ablösungsprozess vom Elternhaus ist eine einschneidende Phase im Anpassungs- und Entwicklungsprozess eines Menschen und bedeutet einen starken Einschnitt in das familiale Gefüge. Häufig geht dies mit innerer Distanz und demonstrativer Abwendung einher (vgl. Hurrelmann 2006: 140), erfordert eine Umformung und Neustrukturierung der Generationenbeziehungen und die Bewältigung neuer Entwicklungsaufgaben im System Familie (vgl. Hofer et al. 1992; Kreppner 1998; Hofer et al. 2002; Fend 2005; Perren 2011).

3.2. Adoleszenz – Aushandlung neuer Strukturen

Die Eltern-Kind-Beziehung in der Adoleszenz ist in der wissenschaftlichen Forschung seit den letzen zwei Dekaden stetig präsent (vgl. Steinberg 2001: 2). Die Jugendphase ist durch starke Veränderungsprozesse wie „eine zunehmende Orientierung an Gleichaltrigen, eine Gestaltung der Freizeit nach eigenen Vorlieben und eine Auseinandersetzung mit elternunabhängigen Lebensentwürfen" (Hein/Hirschhäuser 2012: 21) geprägt. Im Laufe des Erwachsenwerdens eines Menschen entwächst dieser zunehmends der elterlichen Autorität. Die Hauptaufgabe in dieser Zeit ist die Ausbildung von Ich-Identität und Ich-Autonomie (vgl. Schütze 1988: 235; Hofer/Pikowsky 2002: 242). Der Grundstein hierfür wird in der frühen Eltern-Kind-Beziehung gelegt, die Ich-Identität entfaltet sich jedoch erst in der Adoleszenz „in einer meist krisenhaften Auseinandersetzung mit der inneren Natur, dem kulturellen Wertsystem und der äußeren Umwelt“ (Schütze 1988: 235). Werte und Normen, die bisher unhinterfragt übernommen wurden, „aber auch Beziehungen z.B. zu den Eltern, werden grundsätzlich in Frage gestellt und gleichsam neu rekonstruiert“ (ebd.). Für eine gelingende Entwicklung dieser Ich-Identität ist auch die Ablösung vom Elternhaus wichtiger Bestandteil, da die Konstruktion eines elternunabhängigen Selbstbildes von zentraler Bedeutung ist (vgl. Gerhard 2005: 31). „Die vermehrte Orientierung der Jugendlichen nach außen, zu den Gleichaltrigen hin, schafft Spannungen in der Familie, bestehende Regeln werden vom Kind mehr und mehr in Zweifel gezogen und müssen im Zuge täglicher Verhandlungen und Anpassungsmanöver neu festgesetzt werden“ (Kreppner 1998: 327). Diese Erkenntnisse spiegeln sich auch im Wandel des Fokus der Jugendforschung wider. Das vorherrschende Erklärungsparadigma ist nun weniger das Phänomen der Loslösung der Kinder vom Elternhaus, „sondern die Umstrukturierung bestehender Beziehungen“ (ebd.).

Der nachfolgende Abschnitt stellt die spezifischen Veränderungen im Spiegel familiärer Interaktion heraus, die im späteren Blick auf das Familienklima und die medienerzieherische Herausforderung von Bedeutung sind.

3.2.1. Neue Entwicklungsaufgaben für die Familie

Hurrelmann und Quenzel (2012) formulieren für Jugendliche vier Rahmen aktuell konstitutiver Entwicklungsaufgaben in der modernen Industrienation, die die gesellschaftliche Rollenübernahme an Heranwachsende stellt: 1. *Qualifizieren*: die Entwicklung intellektueller und sozialer Kompetenzen einschließlich Bildung, um die Rolle des Berufstätigen einnehmen zu können, 2. *Binden*: die Ausbildung der Geschlechtsidentität, die Ablösung vom Elternhaus und die Fähigkeit zur Bindung, um die Rolle des Familiengründers einnehmen zu können, 3. *Konsumieren*: die Entwicklung von sozialen Kontakten und die Fähigkeit zum Umgang mit Wirtschafts-, Freizeit- und Medienangeboten, um die Rolle des Konsumenten übernehmen zu können, 4. *Partizipieren*: die Entwicklung und Festigung eines individuellen Werte- und Normensystems und der Fähigkeit zur politischen Partizipation, um die Rolle des Bürgers übernehmen zu können (vgl. Hurrelmann/Quenzel 2012: 28). In der Literatur wird verstärkt auf die spezifischen Entwicklungsaufgaben, die Jugendliche selbst im Rahmen ihrer Identitätsentwicklung zu bewältigen haben, eingegangen. Diese genannten Entwicklungsaufgaben sind jedoch insofern auch für die Familie maßgeblich, als die Jugendlichen deren Auseinandersetzung und Bewältigung in die Familie tragen. Zwar nimmt die Relevanz der Ratschläge und Meinungen Gleichaltriger mit dem Alter zu und überwiegt in manchen Themenschwerpunkten, in Bereichen wie Berufsorientierung z.B. fungieren die Eltern jedoch lange als Hauptansprechpartner und Ratgeber (vgl. ebd.: 243). Somit werden die individuellen Entwicklungsaufgaben des Jugendlichen auch zu Familienentwicklungsaufgaben. Letztere rekurrieren einerseits auf die Familie als ganzheitliches Konstrukt und andererseits auf jene individuellen Aufgaben, die ein einzelnes Familienmitglied zu bewältigen hat. Duvall und Miller (1985) „definier[en] [sie] als jene erwartbaren Wachstumsverantwortlichkeiten, die Familienmitglieder in einer gegebenen Entwicklungsstufe meistern müssen, um ihre biologischen Bedürfnisse zu befriedigen, den kulturellen Erfordernissen gerecht zu werden und die Ansprüche und Werte ihrer Mitglieder zu erfüllen" (Hofer 2002: 21).[12] Sie kommen vor allem beim Übergang in das nächste Stadium der Familienkarriere[13], wie dem Eintritt eines Kindes in das Jugendalter, zum Tragen. In ihrem Grundcharakter bestehen sie darin, die durch Auftreten eines alterstypischen oder auch nicht-normativen Ereignisses ins Wanken gekommene systemeigene Balance mittels aufgabenadäquater Verhaltensänderung aller Familienmitglieder wiederherzustellen. Familie als System versteht sich somit nicht als starres Gebilde, sondern ist durch Dynamik und Kontinuität charakterisiert (vgl. Hofer 2002: 12 und S. 20). Hofer und Pikowsky (2002) sehen als stadienspezifische Entwicklungsaufgaben von Familien mit Jugendlichen diejenigen Aufgaben, „die eine Neuorganisation der Beziehungen innerhalb der Familie erfordern" (Hofer/ Pikowsky 2002: 244). Es gilt, unter Bewahrung der familialen Verbundenheit das Gefühl der Bindung zu einem Gefühl der Zugehörigkeit zu wandeln, die asymmetrische Eltern-Kind-Beziehung gemeinsam zu einem egalitäreren Verhältnis umzustrukturieren sowie dem Jugendlichen ein höheres Maß an Autonomie zuzusprechen, einhergehend mit einem Rückgang elterlicher Kontrolle (vgl. ebd.; Hofer 2002: 22). Eine gelingende Aufgabenbewältigung ist u.a. dependent von dem Rollenverhalten der einzelnen Familienmitglieder und damit von einem gelingenden Aushandlungsprozess zwischen Rollenzuweisung und Rollenübernahme, der aufgrund des stetigen Wandels der Familie vor allem bei einem Umbruch innerhalb der Familienkarriere immer wieder erneut stattfinden muss (vgl. Cierpka/Frevert 1994: 6). Eine adäquate Rollenübernahme verringert die Wahrscheinlichkeit eines Rollenkonfliktes und trägt somit zur Zufriedenheit der Familie bei (vgl. ebd.). Verbunden damit sind die Kommunikation innerhalb der Familie, die Emotionalität, die affektive Beziehungsaufnahme, die Kontrolle und das Werte- und Normensystem (vgl. ebd.). Diese Größen bilden die Familienbögen (Cierpka/Frevert 1994) zur Messung des Familienklimas ab (vgl. Kap. 5.1.1.3). Eine erfolgreiche Bewältigung der Famili-

12 Bei unerwarteten Strukturumbrüchen wie etwa Krankheit, Arbeitslosigkeit oder Tod eines Familienmitgliedes sind die zur Verfügung stehenden Ressourcen ausschlaggebend für eine erfolgreiche Bewältigung der Entwicklungsaufgabe (vgl. Kap. 3.1).

13 Die Familienkarriere oder auch Familienzyklus beschreibt den Zusammenschluss der verschiedenen Stadien, die eine Familie aufgrund des Wandels von Rollenübernahmen und damit der Verschiebung der Beziehungsebenen, auf denen die Mitglieder sich bewegen, durchläuft. Hofer (2002) unterscheidet sechs Stadien von der jungen Familie mit dem ältesten Kind von bis zu zwei Jahren über Familie mit Kindern im mittleren Erwachsenenalter bis zum Tode der Eltern (vgl. Hofer 2002: 19).

enentwicklungsaufgaben ist also eng an das Familienklima gekoppelt und beeinflusst dieses maßgeblich.

3.2.2. Der Wandel der Beziehungen – zwischen Autonomie und Kontrolle

Den Mitgliedern einer Familie werden tiefgreifende Verflechtungen emotionalen und psychologischen Charakters zugesprochen. Familie ist nicht auf ihre Strukturbeschaffenheit reduzierbar. Die intimen Beziehungen von Familienmitgliedern zueinander sind klar von anderen abzugrenzen und sind einerseits Prämissen für die „unmittelbare Lebensbewältigung" (Hofer 2002: 12) jedweden Alters in Form von Unterstützung. Andererseits sind die in den Beziehungen ausgeübten Interaktionen „Voraussetzungen für die Entwicklung sozialer Kompetenzen und für die Entwicklung der gesamten Persönlichkeit" (ebd.). Die Erfüllung bestimmter Funktionen gilt als Basis für die Entstehung und Aufrechterhaltung dieser besonderen Beziehungen, die auf „starken, häufigen und sich in unterschiedlichen Aktivitäten äußernden Interdependenzen von beträchtlicher Dauer" (Kelley et al 1983, zit. n. Schneewind 2008: 121) beruhen. Schneewind (2008) nennt sieben Merkmale familialer Beziehungssysteme:

> „(1) Ausmaß an Geben und Nehmen im Sinne von Symmetrie und Komplementarität, (2) Muster der Ähnlichkeit bzw. Unähnlichkeit beziehungsrelevanter Merkmale wie Persönlichkeit, Interessenlagen und Lebensstile der Beziehungspartner, (3) unterschiedliche Formen von Machtausübung und Konfliktregulation, (4) Ausprägung von Selbstöffnung und Privatheit, (5) Besonderheiten der Selbst- und Fremdwahrnehmung im interpersonalen Geschehen, (6) Ausmaß an Vertrauen, (7) Intensität der erlebten Verpflichtung bezüglich der Aufrechterhaltung der Beziehung" (ebd.).

„Eine massive Veränderung in der Affektivität des Familienklimas" (Kreppner 1998: 327) in der Adoleszenz ist vielfach belegt. Entgegen der früheren Annahmen jedoch, eine von Konflikten geprägte Eltern-Kind-Beziehung sei für diese Phase charakteristisch (vgl. Schütze 1988: 234; Pikowsky/Hofer 1992: 206), konnten aktuellere empirische Befunde eine der Jugendphase immanente Konfliktbehaftung nicht unterschreiben (vgl. Steinberg 2001: 5; Fend 2005: 288f). Die Familie ist mehr von dem Wechsel zwischen harmonischer und disharmonischer Phasen geprägt als von dem Antagonismus zwischen Autonomiebestreben der Jugendlichen und Bindung an die Familie (vgl. Youniss 1983); Autonomie und Bindung[14] haben sich

14 Die Bindung des Kindes zu Mutter oder Vater wird von Geburt an geprägt und gefestigt. Mit hoher Wahrscheinlichkeit ist davon auszugehen, dass die Art der Bindung bestehen bleibt. Dieses Bindungsmuster kann sich durch das ganze Leben ziehen. Die Art und Weise, wie wir an unsere ersten Bezugspersonen gebunden sind, bestimmt unser soziales Verhalten in Freundschaft und Partnerschaft (vgl. Bowlby 2009; vgl. Ecarius et al. 2011). Das Thema Bindung wird an verschiedenen Stellen dieser Arbeit aufgegriffen.

mehr als ergänzende denn sich ausschließende Größen gezeigt (vgl. Kreppner 1998: 327). Bereits 1983 stellte Youniss die These auf, dass „ein Individuum zu sein und gleichzeitig eine Beziehung zu seinen Eltern zu haben, kein Gegensatz ist, sondern die beiden Seiten eines einzigen Ganzen repräsentiert" (Youniss 1983 zit. n. Schütze 1988: 235). Auch Leven et al. (2010) konstatieren in den Shell Jugendstudien seit den frühen 1990er Jahren ein weniger konfliktreiches, denn ein eher partnerschaftlich geprägtes Bild der Eltern-Kind-Beziehungen (vgl. Leven et al. 2010: 63). Eine starke Bindung zu älteren Familiengenerationen steht in keinem Widerspruch zum Aufbau eines eigenständigen und selbstverantwortlichen Lebensentwurfes (vgl. ebd.; Perren 2011: 186).[15] Steinberg (2001) allerdings betrachtet das Sturm-und-Drang-Konzept nicht als gänzlich falsch, da die einzelnen Familienmitglieder differenzierte Erfahrungsperspektiven zeigen und unterschiedliche Umgangsnormen aufweisen. So halten Eltern bspw. emotional stärker an einer Konfliktsituation fest und sind merklich stärker von diesen belastet als ihre jugendlichen Kinder (vgl. Steinberg 2001: 5.). Ebenso bestehen Differenzen in Autonomiebedürfnis der Heranwachsenden und elterlicher Gewährung derselben (vgl. Hein/Hirschhäuser 2012: 23). Ein starker Mechanismus der Autonomiegewinnung ist die Bedeutungszunahme der Peergroup, die neben der Familie zu den wichtigsten Sozialisationsinstanzen zählt (vgl. Hofer/Pikowsky 2002; Hurrelmann 2004; Fend 2005; Ecarius et al. 2011).

Die Individuationstheorie verknüpft die zwei vielfach als unvereinbar betrachteten Charakteristika dieses Lebensabschnittes: die Abgrenzung von und Verbundenheit mit den Eltern (vgl. Pikowsky/Hofer 1992: 207; Perren 2011: 186) und steht somit mit aktuellen Forschungserkenntnissen im Einklang. Laut Individuationstheorie ist das Ziel die Entwicklung jugendlicher Selbstständigkeit bei gleichzeitiger emotionaler Verbundenheit (vgl. Perren 2011: 186). Der Heranwachsende sucht sich jedoch durch Zugewinn von Autonomie sowohl emotional als auch mental von seinen Eltern loszulösen und independent zu machen. Dies ermöglicht ihm, ein eigenes Bild seiner selbst zu schmieden. Im Zuge der Erlangung einer Verhaltensautonomie trifft der Jugendliche vermehrt Entscheidungen selbst und mehrt die Zahl der Bewältigung routinierter Alltagsaufgaben (vgl. Hofer/Pikowsky 2002: 247). Durch Statuieren kognitiver Autonomie, die Entwicklung von „Wissen, Moral und Wertorientierungen" und den „Aufbau von Konzepten und Denkschemata" (Hurrelmann 2004: 27), verlieren die Eltern den einstigen Status der Unfehlbarkeit (vgl. Pikowsky/Hofer 1992: 207; Gerhard 2005: 30). Eltern werden entidealisiert; Meinungen, Handeln und Verhaltensweisen werden zunehmend, meist in starkem Maße kritisiert (vgl. Schütze 1988: 235). Die Heranwachsenden sind gewillt, einen eige-

15 2010 gaben nur 7% der Jugendlichen an, sich oft nicht mit den Eltern zu verstehen und häufige Meinungsverschiedenheiten zu haben und lediglich ein Prozent attestierte ein schlechtes Verhältnis zu den Eltern mit ständigen Meinungsverschiedenheiten (vgl. Leven et al. 2010: 66).

nen Standpunkt zu entwickeln, ihn zu verteidigen und zu begründen (vgl. Hofer/ Pikowsky 2002: 247). Konflikte können hierbei eine mögliche Folge sein (vgl. ebd.: 244). Es findet eine generelle Verschiebung gemeinsam verbrachter Zeit statt. Dies äußert sich sowohl im Zeitvolumen als auch in der Form; alltägliche Interaktionen sinken und gemeinsame Aktivitäten weichen Gesprächen und „Transporten" (Fend 2005: 288). Die Heranwachsenden bilden ein Gefühl für Recht und Unrecht aus und beanspruchen eigene Territorien materieller, privater, räumlicher und psychischer Natur. Diese Definition und Aufstellung eigener Territorien (emotionale Autonomie) erleichtert dem Jugendlichen das Ziehen der Grenzen zwischen sich und seinen Eltern.[16] Mit dem Aufbau von Privatsphäre und Intimität werden Eltern aus bestimmten Bereichen ausgeschlossen (vgl. Hofer/Pikowsky 2002: 247). Hierbei ist eine Rebellion nicht auszuschließen, etwa dann, wenn keine ausreichende Autonomie gewährt wird und Eltern auf ihr Kind zu starke Kontrolle auszuwirken suchen und somit den Prozess der Selbstdefinition behindern (vgl. Pikowsky/Hofer 1992: 209). Neben der Abgrenzung im Zuge der Entwicklung zu einem unabhängigen, selbstständigen Selbst besteht auch eine starke Verbundenheit zwischen Eltern und ihrem jugendlichen Kind. Beide Parteien sind gewillt, die Beziehungen aufrecht zu halten (vgl. ebd.). So zeigen Eltern bspw. die Tendenz, das Streitpotential und Konflikte zu minimieren (vgl. Kreppner 1998: 327). Mit zunehmendem Alter und fortschreitender Individuation weicht die Autorität der Eltern einem verständnisvollen Verhältnis mit gegenseitigem Respekt. Der neuen Art der Verbundenheit kommt eine neue Qualität zu. Das Beziehungsgefüge und die typischen, alltäglichen Interaktionen behalten jedoch trotz der sukzessiven Machtverschiebung zugunsten der Jugendlichen die asymmetrischen Elemente einer Eltern-Kind-Beziehung (vgl. Pikowsky/Hofer 1992: 209). Völlige Egalität ist weder im späten Jugendalter (vgl. Gerhard 2005: 41) noch nach Beendigung der Jugendphase gänzlich erreicht (vgl. Perren 2011: 186). „Eltern neigen dazu, Jugendlichen auch weiterhin innerhalb der Familie Befriedigung, Verbundenheit und Sicherheit zu geben" (ebd.). Für sie stellt diese Phase eine empfindliche Gratwanderung dar; einerseits müssen sie lernen, das eigene Kind sukzessive als eigenständige Person zu sehen und ihm Autonomie und Entscheidungsfreiheit gewähren, dennoch besteht eine Kontrolle und der Wille zur Steuerung des kindlichen Verhaltens (vgl. ebd.). Mögliche Diskrepanzen in der Kontrollwahrnehmung sind in einer Divergenz der Erwartungen sowohl zwischen den Parteien als auch zwischen Erwartungen und Realität innerhalb der jeweiligen Parteien zu erklären (vgl. Hofer/Pikowsky 2002: 249). Generell ist zu beobachten, dass dem jugendlichen Kind mehr Freiheiten eingeräumt werden, je mehr er von seinen Eltern als verantwortliches Individuum gesehen und anerkannt wird (vgl. Pikowsky/Hofer 1992: 209.). Youniss et al. (1992) konnten zeigen, dass weitaus

16 In der Individuationstheorie steht neben diesen drei Formen der Autonomie die ökonomische oder materielle Autonomie, die sich jedoch erst im jungen Erwachsenenalter ausbildet.

weniger Eltern älterer Jugendlicher auf problematisches oder gefährdendes Verhalten mit Verboten, Kontrolle oder Überwachung reagierten als Eltern, deren Kinder noch jünger waren. Hinzu kommt, dass aufgrund der sukzessiven Autonomieeinforderung Verbote und elterliche Regeln immer weniger Einfluss auf das jugendliche Verhalten haben (vgl. Kreppner 1998: 327; Fend 2005: 288). Die erforderlichen Alternativen zeigen sich in indirekten Strategien und Gesprächen wie dem Aufzeigen der Konsequenzen, dem Appellieren an die Vernunft und dem Diskutieren von Alternativen (vgl. Hofer/Pikowsky 2002: 249). Vor allem in der Zeit der mittleren Adoleszenz (13-16 Jahre), in der sich die Umbruchphase am stärksten und am herausforderndsten zeigt, scheint sich elterliches Monitoring[17] als besonders hilfreich zu erweisen (vgl. ebd.: 250).[18] Dies setzt jedoch zum einen elterliches Interesse und zum anderen die Bereitschaft des Kindes voraus, die Eltern am eigenen Leben in einem bestimmten Maße teilhaben zu lassen, indem freiwillig berichtet wird; elterliches Ausfragen wird von den Jugendlichen als negativ bewertet (vgl. Hofer/Pikowsky 2002: 260). Dies ist wiederum stark an ein gutes Familienklima gekoppelt. Wie die affektiven Beziehungen zueinander, verändert sich auch die Kommunikation und Interaktion zugunsten eines zunehmend symmetrischen Standpunktaustausches zwischen den Parteien (vgl. Hofer/Pikowsky 2002: 255f; Gerhard 2005: 40). Die Heranwachsenden werden verhandlungsfähiger und -sicherer (vgl. Hofer/Pikowsky 2002: 256). Die Äußerungen des Jugendlichen werden elaborierter, er kann besser argumentieren und somit die Eltern eher von seinem Standpunkt überzeugen. Jüngere Heranwachsende hingegen geben schneller nach und sind leichter zu beeinflussen (vgl. Gerhard 2005: 40f). All dies trägt maßgeblich zur Ich-Entwicklung bei; bestimmte destruktive Kommunikationsmuster innerhalb der Familie können dieser Entwicklung abträglich sein (vgl. ebd.). „Gegenwärtig erfahren Jugendliche in der Regel (…) einen modernen, liberalen Erziehungsstil des Verhandelns und Argumentierens bei gleichzeitiger Respektierung ihrer Bedürfnisse" (Ecarius et al. 2011: 75). Jugendliche, denen diese altersgemäße Autonomie gewährt wird, „sind in der Schule erfolgreicher, haben mehr Selbstvertrauen (…) zeigen mehr verantwortungsbewusste Selbständigkeit (…) und sind (…) in Interaktionen mit Gleichaltrigen sozial kompetenter" (Allen et al. 2000, zit. n. Hofer/Pikowsky 2002: 259f). Darüber hinaus korreliert das Prinzip des Monitorings in Verbindung

17 Das Monitoring ist eine Form der indirekten Kontrolle und beschreibt die allgemeine Informiertheit der Eltern über ihre Kinder; „z.B. darüber, was sie denken, wo sie sich mit wem aufhalten, was sie dort tun und wann sie wieder nach Hause kommen" (Hofer/Pikowsky 2002: 249).

18 Alters- und kulturübergreifende Studien wiesen vielfach den förderlichen Charakter eines autoritativer Erziehungsstils für eine positive Entwicklung der Kinder nach. Dieser ist vor allem durch emotionale Wärme und Verhaltenskontrolle (parental monitoring) und geringe emotionale Kontrolle charakterisiert (vgl. Perren 2011: 186). Eine autoritäre Erziehung mit starren Regeln und Grenzen, die nicht erläutert werden, hingegen führt zu sozialer Abhängigkeit und Passivität (vgl. Hurrelmann 2004: 111).

mit hoher altersadäquater Autonomiegewährung „mit normgemäßem Verhalten und psychischer Gesundheit“ (Hofer/Pikowsky 2002: 260).[19]

3.3. Computer- und Internetnutzung in der Adoleszenz – Bedeutung und Effekt von Erziehung und Beziehung

Mittlerweile ist jeder Haushalt, in dem Jugendliche zwischen 12 und 19 Jahren leben, mit Internetzugang und mindestens einem Computer ausgestattet. 82% der 12 bis 19Jährigen sind im Besitz eines eigenen Gerätes (vgl. MPFS 2012: 30). Die Zahl der Onlinenutzer im Alter von 14-19 Jahren stieg von 0,3 Millionen im Jahr 1997 auf 5,5 Millionen im Jahr 2010 und repräsentiert seither 100% dieser Altersgruppe (vgl. van Eimeren/Frees 2012: 363). Die Onlineverweildauer der Bundesdeutschen 12-19jährigen lag laut der JIM-Studie 2012 unter der Woche im Mittel bei 131 täglichen Minuten (vgl. MPFS 2012: 31f). Dabei ist der Computer für Nutzer in diesem Alter immer noch das Hauptzugangsgerät (72%); der Trend in Richtung Mobilität ist jedoch ersichtlich: die Zahl der Nutzer, die mit Laptop und anderen mobilen Geräten wie dem Smartphone online gehen, steigt seit 2008 stetig an (vgl. van Eimeren/Frees 2012: 367). Ein eindeutiger Einflussfaktor auf die Nutzungsfrequenz ist das Alter. Während 48% der 12-13jährigen täglich online sind, sind es bei den volljährigen 78%. Die jüngsten verbringen dabei an Tagen unter der Woche 95 Minuten im Netz, während die 18-19jährigen mit 156 Minuten deutlich darüber liegen (vgl. MPFS 2012: 32). Dabei wurde bei den 12-19jährigen Deutschen 2012 44% der online verbrachten Zeit für kommunikative Angebote, vor allem soziale Netzwerke, genutzt, während Informationssuche z.B. nur 15% der Zeit in Anspruch nahm. Die verbleibende Zeit wurde sich mit Spielen (16%) und Unterhaltung (25%) vertrieben (vgl. ebd.: 32f; der Aspekt der Angebotsauswahl wird im Licht der sozialen Divergenz in Kapitel 3.4 detaillierter diskutiert). Mittlerweile hat die Internetnutzungszeit bei den 12-19jährigen die des Fernsehens (mit 111 Minuten pro Wochentag) überholt.[20] Jeder zweite Jugendliche dieses Alters arbeitet oder lernt regelmäßig zu Hause am Computer oder im Internet für die Schule. Jedoch sind diese Medien nur bei 25% der Kinder integraler Bestandteil des Schulunterrichts (vgl. MPFS 2012: 37).[21] Doch die Nutzung digitaler Medien dient nicht nur der Unterhaltung oder dem

19 Die Autoren weisen darauf hin, dass die Wirkungsrichtung nicht eindeutig bewiesen ist.

20 Hieraus ist keine schleichende Verabschiedung von diesem Medium zu konkludieren; auch der Fernsehkonsum stieg in den vergangenen Jahren kontinuierlich und liegt mittlerweile auf dem höchsten Niveau seit Beginn der gesamtdeutschen Messung 1992 (vgl. van Eimeren/Frees 2012: 376).

21 Dies zeigt auch die Relevanz elterlicher Medienkompetenz auf, die ihren Kindern im Rahmen von Hausaufgabenbetreuung oder Prüfungsvorbereitung behilflich sein können sollten. Den Aspekt der elterlichen Medienkompetenz im Kontext der Medienerziehung behandelt Kapitel 3.3.1. und (vor dem Hintergrund schichtspezifischer Divergenz) Kapitel 3.4.

Lernzuwachs in der Schule. Geserick (2005) macht auf die entscheidende Bedeutung der Medien „als Katalysatoren bei der Bewältigung [der jugendspezifischen] Entwicklungsaufgaben" (Geserick 2005: 30) aufmerksam. Computerspiele (wie etwa die SIMS, die sich vor allem bei Mädchen großer Beliebtheit erfreuen) weisen deutliche Leistungsanforderungen auf; eine Ebene, auf der „die meisten Anreize für Identitätsentwicklungen (...) geschaffen werden" (ebd.: 31). Auch als Bewältigungsstrategie bei Belastungen und erschütternden Ereignissen wie z.B. der Trennung der Eltern kommen Medien und entsprechende Medieninhalte zum Einsatz (vgl. ebd.: 30; hierauf wird in Kapitel 3.6 eingegangen).

Medien sind neben Familie, Schule und Peers für die Sozialisation von zentraler Bedeutung und als weitere Sozialisationsinstanz hinzuzuzählen (vgl. Vollbrecht 2003; Süss 2004). Sie sind zudem „integraler Bestandteil von Sozialisation in den Familien" (Hein/Hirschhäuser 2012: 28). Daher „ist (...) davon auszugehen, dass weder die Mediennutzung noch die Medienerziehung getrennt von dem allgemeinen Beziehungsgefüge und von strukturellen Merkmalen der Familie verstanden werden können" (ebd.). Auch Six et al. (2002) konstatieren, „dass Mediennutzung und -wirkungen nicht isoliert vom sonstigen Alltag der Kinder zu betrachten sind, sondern stets vor dem Hintergrund ihrer jeweils individuellen Dispositionen und ihrer Lebensbedingungen sowie Sozialisations- und Erziehungserfahrungen" (Six et al. 2002: 204). Vor diesem Hintergrund unterscheiden Six et al. (2002) zwischen zweierlei Rahmenfaktoren außermedialer Einflussgrößen auf die kindliche Mediennutzung: überdauernde/längerfristige sowie kurzfristig-aktuelle Faktoren. Diese Einflussgrößen finden sich sowohl auf Seiten des Kindes als auch der Familie bzw. Eltern, die beide jeweils erneut in medienunabhängig und medienbezogen differenziert werden (vgl. ebd.: 206ff). Die nachfolgenden zwei Abschnitte konzentrieren sich auf die Wirkungszusammenhänge und Einflussgrößen elterlicher Maßnahmen und Bedingungen auf die kindliche Mediennutzung.

3.3.1. Medienbezogene Einflussfaktoren auf Basis elterlicher Erziehung

Medienerziehung impliziert u.a. „die Erziehung zu einer kompetenten und reflektierten Mediennutzung" (Süss et al. 2010:127) im Sinne einer Medienkompetenzförderung. Erziehungsaufgabe sei es deshalb, „Kindern diejenigen Kompetenzen zu vermitteln und Voraussetzungen zu ermöglichen, die eine günstige Ausgangslage für einen kompetenten Medienumgang schaffen" (Six et al. 2002: 205). Trotz Autonomiezuwachs in der Adoleszenz bleibt die elterliche Aufgabe der Medienkompetenzvermittlung bestehen. Dies schließt auch mit ein, „den Heranwachsenden die Teilnahme an einer mediatisierten Gesellschaft nicht zu verwehren", sie aber auch von Risiken wie etwa pathologischer Nutzung fernzuhalten (vgl. Hein/Hirschhäuser 2012: 25). Für den kindlichen Medienumgang ist medienerzieherisches Handeln und

-kompetenz der Eltern von maßgeblicher Bedeutung, wird jedoch nicht selten unterschätzt (vgl. Hirschhäuser 2012, 109f). Die Medienerziehung „schließt (...) jegliche (...) medienbezogene Interaktion mit Kindern, angefangen von Verboten und Reglementierungen über Kritik am kindlichen Medienumgang bis hin zu gemeinsamer Mediennutzung und gezielter Förderung von Basis- und Medienkompetenzen [ein]" (Six et al. 2002: 216). Zu den längerfristigen medienbezogenen Einflussgrößen gehören nach Six et al. (2002)

> „von Seiten der Familie (...) die Medienkompetenz der Eltern sowie medienbezogene Einstellungen und Interessen, Medienumgangsweisen mit Blick auf die elterliche Vorbildrolle sowie Medienerziehungskonzepte und -handeln der Eltern. Bei kurzfristigen Faktoren sind zum einen Kommunikationsprozesse über das gemeinsam genutzte Medium sowie die soziale Interaktion bei der Mediennutzung zu nennen. Zum anderen fallen hierunter z.B. die aktuelle Mediennutzung und medienbezogene aktuelle Interessen der Eltern" (Six et al. 2002: 215).

Zwar fühlen sich viele Eltern mit der Medienerziehung ihrer Kinder überfordert; laut der EXIF-Studie fühlten sich Eltern, auf deren Kinder eine dreifache Problemdefinition zutraf, in diesem Bereich jedoch deutlich häufiger unsicherer (vgl. Rosenkranz 2012: 147). Die elterliche Medienkompetenz ist stark an ihre Vorbildrolle gekoppelt. Die Fähigkeit, dem Kind ein gutes Vorbild zu sein und eine sinnvolle medienerzieherische Praxis gründet auf der Kompetenz, mit dem Medium umzugehen und in der komplexen mediatisierten Welt der heutigen Zeit zurechtzufinden und zu orientieren. Dieser Punkt birgt jedoch die häufige Problematik der Generationsdiskrepanz aufgrund differenter Medienbiographien. Kinder und Jugendliche wachsen als sogenannte vermeintliche *Digital natives*[22] mit dem komplexen medialen Angebot auf und gehen mit Computer oder Internet sehr viel vertrauter und selbstverständlicher um als die ältere Generation (vgl. Six et al. 2002: 215), da Eltern meist auf ein relativ begrenztes Kapital an Erfahrungen im Umgang mit Medien zurückgreifen können (vgl. Hein/Hirschhäuser 2012: 25).[23] Computer und Internet

22 Der Begriff, der bisweilen synonym für die ganze Generation verwendet wurde, in seinem ursprünglich gemeinten Sinn der ‚Eingeborenen' des Netzes, die mit allen Möglichkeiten, die das Internet zu bieten hat, instinktiv umgehen können und es auch tun, verliert jedoch zunehmends an Glaubhaftigkeit. PISA (2009) etwa zeigte, dass beinah 17% der 15jährigen aus den an der Studie teilgenommenen OECD-Staaten, die „vernetzt" aufwuchsen, nicht über solche Fähigkeiten verfügen (vgl. OECD 2011: 177ff). Weitere Studien belegen, dass „das Internet für die meisten Jugendlichen keine neue, andere Welt, sondern eine nützliche Erweiterung der alten ist" (van Eimeren/Frees 2012: 364). Es wird sehr viel weniger aktiv und kreativ selbst gestaltet als lediglich konsumiert (vgl. ebd.). Der Begriff wird vor dem Hintergrund der sozialen Disparität in Kapitel 3.4 aufgegriffen und diskutiert.

23 Interessant ist in diesem Zusammenhang die Verteilung der elterlichen Medienerziehungskompetenz nach eigener Einschätzung. Diese sinkt bei Eltern älterer Kinder konstant ab (vgl. MPFS 2011: 86). Eine mögliche Erklärung hierfür ist das eigene Alter der Eltern, da Eltern älterer Kinder selbst auch tendenziell älter sind.

sind fest in den jugendlichen Alltag integriert und werden heute noch weitaus häufiger, intensiver und länger genutzt als von der Elterngeneration (vgl. van Eimeren/Frees 2012: 362). Hinzu kommt eine erhebliche Interessendivergenz (vgl. Hirschhäuser 2012: 103), die in Konflikte münden kann. Im Sinne des Monitoring sind elterliches Interesse und elterliche Informiertheit relevante Faktoren. Nach einem Befund aus beiden qualitativen Forschungsmodulen der EXIF-Studie besteht bei betroffenen Eltern ein äußerst geringes Interesse für den kindlichen Medienkonsum gekoppelt mit einer mangelhaften medienerzieherischen Begleitung (vgl. Hirschhäuser et al. 2012: 159). Ebenso ist die Balance zwischen Autonomie und Kontrolle als adoleszenztypische Familientwicklungsaufgabe von großer Bedeutung. Vor diesem Hintergrund ist eine Abnahme elterlicher Kontrolle auf die Mediennutzung der Jugendlichen zu beobachten. Eine zu starke Kontrolle ist auch hier mit möglichen Konflikten verbunden (vgl. Süss 2004: 220ff). In der EXIF-Studie sahen sich Jugendliche mit dreifacher Problemdefinition am deutlich häufigsten und mit den meisten reaktiven Regeln[24] konfrontiert, während Jugendliche ohne ein Nutzungsproblem kaum Reglementierungen auferlegt bekamen (vgl. Rosenkranz 2012: 127ff und 145). Bezüglich eines entsprechenden kausalen Zusammenhanges konnte man entgegen der Annahme, diese reaktiven Regeln der Eltern würden zur Unterbindung des ungewünschten Mediennutzungsverhaltens angewandt, nachweisen, dass diese Regeln nicht erst bei Auftreten des inadäquaten Verhaltens, sondern überwiegend von Beginn an eingesetzt worden waren (vgl. ebd.: 145). Entsprechend werden „dauerhafte, kalkulierbare Regeln als Bestandteil förderlicher Medienerziehung (…), reaktive Regeln hingegen als potenziell kontraproduktiv“ (ebd.) eingeordnet. Auch Van den Eijnden et al. (2010) resümieren, dass strikte zeitliche Regeln pathologische Tendenzen forcieren könnten (vgl. van den Eijnden et al. 2010: 77). Diese Befunde sprechen nach den Erkenntnissen von Youniss et al. (1992) für eine Problematik der jugendspezifischen Rollenverschiebung und der altersadäquaten Autonomiegewährung durch die Eltern. Untermauert wird dies durch weitere Erkenntnisse der EXIF-Studie: Jugendliche mit dreifacher Problemdefinition wiesen Defizite in der Rollenanpassung auf; Konflikte zeigten sich auf der Ebene von Aushandlungsprozessen (vgl. Hirschhäuser et al. 2012: 161). Die Schwierigkeit und Problematik elterlichen Eingreifens wird also für die Thematik der Mediennutzung und -erziehung durch die gleichen Parameter bedingt wie andere Bereiche des Erziehungsalltags. Auch hier müssen die der Adoleszenz immanenten Strukturwandlungen im Beziehungsgefüge zwischen Eltern und Kind eingehalten werden, auf Basis eines egalitäreren Aushandlungsprozesses zwischen den Parteien abgestimmt

24 Als reaktiv gelten diejenigen „spontanen“ Regeln, die nicht eindeutig zu erwarten sind, wie etwa die Wegnahme des Gerätes, das Verbot der Nutzung ohne Angabe expliziter Gründe oder die Nutzung als Belohnung. Dauerhafte Regeln (wie zeitliche Begrenzung, Verbot problematischer Inhalte oder Nutzungserlaubnis gekoppelt an bestimmte Uhr- oder Tageszeiten) hingegen gelten immer und sind somit kalkulier- und erwartbar (vgl. Rosenkranz 2012: 127 und 145).

und Freiheit und Grenzen ausbalanciert werden. Der Jugendliche muss auf seinem Weg zur Selbstbestimmtheit begleitet werden; es muss ihm vermehrt Vertrauen entgegengebracht werden, selbstverantwortlich zu handeln. Medienerziehung und Mediennutzung ist also Bestandteil adoleszenztypischer Aushandlungsprozesse im Rahmen familialer Interaktion. Auch soziale Defizite in der familialen Kommunikations- und Interaktionsweise wirken sich auf den Medienumgang aus. Van den Eijnden et al. (2010) konkludieren aus ihren Untersuchungen, dass qualitativ hochwertige Kommunikation hinsichtlich des Internetgebrauchs eine präventive Maßnahme sein könnte (vgl. van den Eijnden et al. 2010: 77). Je häufiger Eltern und Kinder miteinander interagieren (sich also über Medien austauschen und Eltern sich mit Interesse über das mediale Tun ihrer Kinder informieren), desto stärker ist der Einfluss des elterlichen Vorbilds auf die Mediensozialisation (vgl. Kammerl/King 2010: 55). Im System Familie ist Medienrezeption nicht als individuelles Handeln, „sondern als sozialer, kommunikativer Prozess“ (ebd.) zu verstehen, in dem die Kinder in ihrem Tun begleitet werden. Oft können Eltern die Faszination ihrer Kinder für das Internet und deren Medienaktivität nicht nachvollziehen (vgl. Hein 2012a: 165f). Vor allem in sozial schwächeren Familien fehlt es den Eltern an der Einsicht, welchen hohen Stellenwert digitale Medien in der jugendlichen Lebenswelt haben (vgl. Paus-Hasebrink 2010: 21). Da die Vorbildrolle der Eltern von entscheidender Bedeutung ist (vgl. Six et al. 2002: 215f), Eltern jedoch dazu neigen, diese besondere Einflussnahme anzuzweifeln (vgl. Schwinge 2012: 62f), ist es aus medienpädagogischer Sicht höchst relevant, hierauf zu verweisen und für eine kritische Reflexion der eigenen Mediennutzung zu plädieren. Hierbei ist von entscheidender Bedeutung, dass „insbesondere die Art und Weise der Mediennutzung und weniger die inhaltliche Ausrichtung von den Jugendlichen übernommen wird“ (ebd.: 74), Eltern bezüglich ihrer Vorbildfunktion jedoch lediglich zwischen Nutzung und Nichtnutzung unterscheiden (vgl. ebd.).

Six et al. (2003) konzentrieren sich in ihrem Konzept der Medienerziehung in der Familie auch auf die elterliche Beurteilungs- und Auswahlkompetenz von Medienangeboten. Dies hebt erneut das parental monitoring hervor. Das Wissen um die Vorlieben der Kinder in Kombination mit einem Grad an Medienkompetenz ist die Grundlage für eine verantwortungsvolle Beurteilung der Medien und ihres Inhaltes. Six et al. (2003) plädieren für eine gemeinsame Mediennutzung, um den Medienumgang ihrer Kinder nachvollziehen und den Jugendlichen eine Bewertungskompetenz vermitteln bzw. im Rahmen dessen Facetten und auch mögliche Gefahren aufzeigen zu können. Medien sollten nicht abgelehnt werden. Vielmehr sollte die Vielfalt, die sie bieten, erkannt und zum selbstverantwortlichen Nutzen angeregt werden.

3.3.2. Medienunabhängige familiale Einflüsse

Medienunabhängige Einflüsse der Familie auf die kindliche Mediennutzung werden vielfach unterschätzt (vgl. Six et al. 2002: 213). Zu erwiesenermaßen ausschlaggebenden Faktoren gehören das Familienklima und innerfamiliale Kommunikations- und Interaktionsmuster. Darüber hinaus zählen der praktizierte Erziehungsstil, soziodemografische Faktoren sowie sozialstrukturelle Gegebenheiten (etwa die Lebensform der Eltern oder die Anzahl der Geschwister) oder externe Zwänge, nach denen der Tagesablauf geregelt ist, zu längerfristigen Einflussfaktoren (vgl. Six et al. 2002: 213).[25] Elterliche Erwerbslosigkeit zeigte sich ebenfalls als einflussreicher Faktor für pathologische Internetnutzung (vgl. Durkee/Kaess et al. 2012: 2219). Diese Parameter können jedoch auch mit dem medienerzieherischen Handeln in den Familien im Zusammenhang stehen. „Die familieninterne Auseinandersetzung über das rechte Maß der Computer- und Internetnutzung (…) kann also zusätzlich mit medienunabhängigen Belastungen und familialen Strukturen verknüpft sein" (Kammerl et al. 2012: 37).

Mit Blick auf den Themenrahmen dieser Arbeit werden im Folgenden ausgesuchte längerfristige Einflussfaktoren tiefgreifend diskutiert.

3.4. Die digitale Kluft als soziales Phänomen schichtspezifischer Divergenz

Sozialwissenschaftlich ist vielfach auf „eine zunehmende Spreizung der Einkommens- und Vermögensverteilung, den Anstieg relativer Armut" (Scherr 2010: 23) und die Tatsache, dass Kinder und Jugendliche überproportional davon betroffen sind, hingewiesen worden (vgl. ebd.). Die Familie bestimmt bekanntermaßen die soziale Herkunft des Kindes. Im familialen Sozialisationsprozess wird das Kind frühzeitig auf den sozialstrukturellen Platz seiner Herkunftsfamilie hingewiesen, „die Kinder in bestimmte schicht- und milieuspezifische Denk-, Deutungs- und Wertungsmuster einweisen" (Hölscher 2008: 759). Die Familie ist der erste Ort, an dem Kinder erfahren und erlernen, was Bildungsniveau bedeutet. Sprachmuster oder die Fähigkeit im Umgang mit Geld (entsprechend dem Verfügungsrahmen) werden sozial vererbt, der Stellenwert von Bildung und der beruflichen Position oder welche ökonomischen Ziele gesteckt werden, wird in der Familie vermittelt. Statusnormalität, Statusdifferenzen und Schichtzugehörigkeit werden hier gesetzt und vom Kind bereits eingeübt (vgl. ebd.: 766). Hinzu kommt in der Regel bedingt durch den ökonomischen Verfügungsrahmen der Familie, der die Wohnsituation bestimmt, ein entsprechend schichtspezifisches soziales Umfeld. Demnach bleiben

25 Die hier genannten längerfristigen Einflussfaktoren auf die kindliche Mediennutzung stellen nur einen Ausschnitt dar, da es nicht das Ziel dieser Arbeit ist, auf alle Formen einzugehen.

„Kinder und Jugendliche (…) entlang der Schichtzugehörigkeit ihrer Herkunftsfamilien lange unter sich“ (ebd.). Somit zieht sich die schichtspezifische Sozialisation auch durch verschiedene Sozialisationsinstanzen wie Peers, aber auch Schule. Die soziale Herkunft ist bezüglich des Schulerfolgs die bis heute einflussreichste Dimension im deutschen Bildungssystem. Nach PISA wiesen zahlreiche weitere Studien eine Konstanz dieses Befundes nach (vgl. Maaz et al. 2010: 70). In keinem Land der OECD-Staaten war ein Rückschluss der Bildungsbeteiligung auf die soziale Herkunft auszuschließen, die Korrelation war jedoch nirgendwo so gravierend wie hierzulande (vgl. Prenzel 2008: 26). Dieser maßgebliche Einfluss der sozialen Herkunft auf die Bildungschancen zieht sich durch den gesamten Lebenslauf; die soziale Platzierung als Erwachsener korreliert verstärkt mit dem sozialen Status der Herkunftsfamilie (vgl. Kammerl/King 2010: 49). Ersteres ist nicht nur durch finanzielle Mittel bestimmt, sondern auch durch das vorgelebte Wertesystem der Eltern und den Stellenwert von Bildung, der Ermutigung und Erwartungen oder auch Ängste und Vorurteile hervorrufen kann (vgl. Hölscher 2008: 767). Nicht zuletzt hat dies auch Einfluss auf eigene Ziele, Interessen und Vorlieben. So korrelieren die sozialen Lebensbedingungen mit dem Zugang zu Medien, insbesondere jedoch mit der Mediennutzung (vgl. Paus-Hasebrink 2009: 22). Im Hinblick auf digitale Medien, allen voran das Internet, entwickelte sich der Begriff *digital divide* (auch: *digitale Kluft* oder *digitale Spaltung*) zu einem vielzitierten Terminus. Ursprünglich bezog sich der Begriff auf eine ungleiche Zugangsverteilung zwischen arm und reich (*first level divide*). Die Politologin Pippa Norris erweitert dies notwendigerweise und vereint in ihrer vielfach übernommenen Begriffsdefinition die drei Komponenten Zugang zum Internet, die Nutzung desselben und Sozialschichtzugehörigkeit miteinander (vgl. Norris 2001). Die Definition lässt sich auf das folgend Wesentliche reduzieren:

> „The term ‚digital divide‘ refers to the gap between individuals, households, businesses and geographic areas at different socio-economic levels with regard both to their opportunities to access information and communication technologies (ICTs) and to their use of the Internet for a wide variety of activities. The digital divide reflects various differences among and within countries“ (OECD 2001: 5).

Die ungleiche Zugangsverteilung bleibt als globales Problem zwischen Entwicklungs- und Industrienationen unverändert prekär. Innerhalb Deutschlands hat sich die Verfügbarkeit digitaler Medien zwischen den Schichten seit 2010 jedoch egalisiert. Mittlerweile nutzt jeder Jugendliche zwischen 14 und 19 Jahren (100%) das Internet (vgl. MPFS 2011: 30). Dennoch bleibt die Thematik der digitalen Spaltung relevant. Im Sinne der Wissensklufthypothese stellt sich nun weniger die Frage nach dem *ob* als vielmehr dem *wie* (vgl. Lenz/Zilien 2005: 246). In der Gesellschaft klafft diese Wissenskluft zwischen der *information rich* und der *information poor*. „As the infusion of mass media information into a social system increases, segments of the population with higher socioeconomic status tend to aquire this information at a faster rate than the lower status segments, so that the gap in knowledge between these segments tends to increase rather than decrease" (Tichenor et al. 1970: 159).

Damals lag der Fokus vornehmlich auf den Printmedien. Der Effekt wurde später auf das Fernsehen übertragen und ist heute in Bezug auf Computer und Internet zu beobachten (vgl. Lenz/Zilien 2005: 244): Zwischen bildungsfernen und bindungsnahen Familien bestehen klare Unterschiede sowohl in der Nutzungsweise bestimmter Angebote als auch der Auswahl bezüglich Qualität und Nutzungsintensität (vgl. Kammerl/King 2010: 55, *second level divide*). Jugendliche Hauptschüler weisen mit 157 täglichen Minuten (Mo-Fr) nicht nur eine deutlich höhere Internetnutzungsfrequenz auf als Realschüler (134 Minuten) oder Gymnasiasten (124 Minuten) (vgl. MPFS 2012, S. 32). Laut der Shell-Jugendstudie (2010) befinden sich zudem in der Unterschicht signifikant mehr Gamer (36%) als in einer der verbleibenden vier Schichten, während Multi-User signifikant mehr in der oberen Mittelschicht (39%) und Oberschicht (43%) zu finden sind (vgl. Leven et al. 2010: 108).[26] 2012 nutzten 17% der Gymnasiasten das Internet außer zur Unterhaltung und Kommunikation auch zur Informationsrecherche, von den Hauptschülern hingegen traf dies auf nur 11% zu (vgl. MPFS 2012, S. 33). Auch in der Auswahl der verschiedenen Kommunikationsdienste lassen sich Divergenzen zwischen Jugendlichen aus bildungsnahen und solchen aus bildungsfernen Familien feststellen. Während erstere vermehrt E-Mail-Dienste in Anspruch nehmen und in Foren aktiv sind, greifen letztere vornehmlich auf Chats zurück (Eulenbach 2012: 193). Diese Divergenz ist jedoch weniger auf Interessensdifferenzen zurückzuführen, sondern gründet auf unterschiedlichen Wissens- und Kompetenzvoraussetzungen. Diese werden durch die jeweilige Schichtzugehörigkeit determiniert (vgl. Zilien 2006, S. 56ff.) und haben „ihre Ursache vor allem in der ungleichen Verteilung von kulturellem Kapital" (Lenz/Zilien 2005: 246). Neben soziokulturellen Ressourcen gilt die formale Bildung als der zentrale Faktor zur Erklärung von Nutzungsdifferenzen (vgl. Iske et al. 2004: 4). Die These, soziale Strukturen beeinflussten die Internetnutzung aufgrund von Kompetenzkapazitäten wurde bereits vermehrt belegt (vgl. ebd.: 1). Genauso ausschlaggebend sei jedoch die Verbundenheit der „kulturellen Affinitäten mit dem Wissen um die eigene soziale Position" (Scherr 2010: 25) und die verschiedenen kulturellen Praktiken, die in bestimmten sozialen Milieus genutzt würden (vgl. ebd.: 24f). In einer österreichischen Panelstudie ließ sich „bei allen untersuchten [sozial benachteiligten] Familien (…) durchgängig eine überdurchschnittliche Mediennutzung und Bedeutungszuschreibung feststellen; Medien sind zweifellos ein – in vielen Familien fast der wichtigste – Sozialisationsfaktor" (Paus-Hasebrink 2009: 23). In Bezug auf das Fernsehen zeigte die Studie, dass Kinder aus formal höher gebildeten Familien es zeitlich moderater nutzen und eher informationsorientierte Inhalte häufig auf

26 Man unterteilte die Nutzer in vier Kategorien: Gamer, digitale Netzwerker, Multi-User und Funktions-User (vgl. Leven et al. 2010: 108).

öffentlich-rechtlichen Sendern wählen. Bei formal niedriger gebildeten Eltern würde der Erziehungsraum aus Gründen der Überforderung häufiger dem Fernseher überlassen; die kindlichen Bedürfnisse des Inhaltes seien nur von geringem Interesse (vgl. ebd.). Medien tragen somit in gewissem Maße zur Reproduktion sozialer Ungleichheit bei (vgl. Lenz/Zilien 2005: 244). Vor diesem Hintergrund ist auch der Begriff der *digital natives* als Synonym für eine ganze Generation nicht mehr tragbar. Jugendlichen aus niedrigeren Schichten bleibt ein Profitieren von der Technologie also vielmehr aufgrund eines Mangels an sozialem und kulturellem Kapital, denn an ökonomischem verwehrt (vgl. Zilien 2006). Sie sind mit elektronischen Medien sogar weitaus besser ausgestattet; so sind Fernsehgeräte überdurchschnittlich häufig in Kinderzimmern der Unterschicht vertreten, während Printmedien und auditive Abspielgeräte eher in den Kinderzimmern von Oberschichtfamilien anzutreffen sind (vgl. Süss 2004: 109). Auch Steiner und Goldoni verzeichneten in ihrer Baseler Studie[27] einen signifikanten Unterschied in der medialen Kinderzimmerausstattung[28] zwischen Eltern mit hoher und Eltern mit niedriger formaler Bildung (vgl. Steiner/Goldoni 2011: 28). Computer und Internet werden, sofern vorhanden, am deutlich häufigsten aus dem eigenen Zimmer genutzt (87% der Jugendlichen; vgl. MPFS 2012: 31). Einen signifikanten Unterschied zwischen den jeweiligen von den Kindern besuchten Schulformen hinsichtlich eines Computers und/oder Internetzuganges in eigenem Besitz konnte jedoch weder in der JIM-Studie (2012) noch bei Steiner und Goldoni festgestellt werden (vgl. Steiner/Goldoni 2011: 28; MPFS 2012: 31). Die dauerhafte Geräteverfügbarkeit durch entsprechende Kinderzimmerausstattung spielt im Hinblick exzessiver Computer- und Internetnutzung eine maßgebliche Rolle. In der EXIF-Studie wiesen Jugendliche mit dreifacher Problemdefinition nicht nur die höchsten Nutzungszeiten auf, sondern waren auch am besten ausgestattet (vgl. Rosenkranz 2012: 125). Die Verknüpfung der aufgeführten Sachlagen legt die Annahme eines Zusammenhangs zwischen der Sozialschichtzugehörigkeit und pathologischer Internetnutzung nahe; auch in EXIF konnte das Aufwachsen in Familien unterer Schichten als Risiko für eine dreifache Problemdefinition identifiziert werden (vgl. ebd.: 139).

In der Elterngeneration hingegen wird sich umso eher zu den Internetnutzern gezählt, je höher die formale Bildung bzw. das Einkommen ist. Ebenso gilt der Umkehrschluss (vgl. Initiative D21 2012: 5).[29] Es ist anzunehmen, dass diese gerin-

27 Es handelt sich hierbei um eine explorative Schweizer Studie, die nicht den Ansprüchen einer übergreifenden Repräsentativbefragung gerecht werden kann. Die Repräsentativität ist auf die Stadt Basel beschränkt.

28 Dies betraf Computer ohne Internetzugang, Spielkonsole und Fernseher jeweils mit und ohne Internetzugang.

29 Hier war ein überdurchschnittlicher Zuwachs in den letzten Jahren bei Absolventen weiterbildender Schulen ohne Abitur sowie eine Stagnation in der Gruppe mit formal einfacher Bildung zu beobachten (vgl. Initiative D21 2012: 5).

gere Nutzung neuer Technologien durch die Elterngeneration in bildungsfernen Milieus auch eine verminderte Medienkompetenz bedingt und somit Einfluss auf die elterliche Medienbegleitung der Kinder nimmt. Konflikte zwischen den Generationen könnten eine mögliche Folge sein. Steiner und Goldoni (2011) belegen in ihrer Baseler Studie eine signifikante Korrelation des formalen Bildungsgrades mit der Medienkompetenz (untergliedert in Mediennutzung, -wissen und -kritik).[30] Eltern ohne Abschluss oder mit obligatorischer Schule weisen deutlich tiefere Werte in der Medienkompetenz auf (vgl. Steiner/Goldoni 2011: 33). Zudem ginge eine hohe elterliche Mediennutzungsintensität und vermehrtes Medienwissen mit einer intensiveren Medienerziehung einher (vgl. ebd.: 47f). Die Medienerziehungskompetenz steigt auch nach eigener Einschätzung mit der Schulbildung der Eltern. Lediglich 8% der Eltern mit hoher Schulbildung schätzen sich diesbezüglich als wenig oder gar nicht kompetent ein; demgegenüber stehen 28% der Eltern mit niedriger Bildung (vgl. MPFS 2011: 86). Darüber hinaus gehen „Eltern mit höherer Bildung (…) bei der Erziehung stark kommunikationsorientiert vor und diskutieren eher mit ihren Kindern z.B. über Fernsehinhalte und -sendungen" (Six et al. 2002: 214). Dies gilt auch für den Umgang mit dem Internet, der stärker begleitet wird (vgl. Paus-Hasebrink 2009: 23; Kammerl/King 2010: 55f). Eltern mit höherer formaler Bildung fangen nicht nur Erlebtes durch Kommunikation ab, sondern begleiten ihre Kinder beim Umgang mit dem elektronischen Medium und wissen, womit sie sich im Internet beschäftigen (vgl. Schmidt et al. 2009: 19). Sind die Kinder diesbezüglich auf sich allein gestellt oder bekommen nur formale Regeln wie eine Beschränkung der Nutzungsdauer an die Hand (wie es vornehmlich in sozial schwächeren Familien vorzufinden ist), kann ein geringeres Bewusstsein für die Risiken, die das Internet birgt, entstehen (vgl. ebd.). Der elterliche Medieneinfluss steigt mit der Häufigkeit der Interaktion zwischen Eltern und Kind, unabhängig ihrer Schichtzugehörigkeit. Eine Demonstration der Mediennutzung durch die Eltern als Vorbilder statt bloßer Verbalisierung ist jedoch unumgänglich. So tangiert auch das Vorhandensein von Büchern im Haushalt die Kinder kaum, „sofern [es] nicht von konkretem Leseverhalten der Eltern begleitet [wird]" (Kammerl 2011b: 88).[31] Die Lesefreudigkeit der Kinder wird erst entfacht durch die Vorbildfunktion der Eltern und deren Integration in innerfamiliale Kommunikation und Interaktion durch die Konversation über Bücher und deren Inhalte. Diese Vorbildfunktion, die die Eltern

30 Hierbei sollte angemerkt werden, dass das Cronbachs α als Maß der internen Konsistenz der Skala ‚Medienkompetenz' für die drei gewählten Dimensionen keine hohen Werte aufzeigt und nur knapp über .60 liegt. Das Cronbachs α zum Medienwissen liegt sogar darunter. Es ist also nicht vollständig gewährleistet, dass die latente Variable ‚Medienkompetenz' durch die gewählten manifesten Variablen adäquat abgebildet wird. Diese Einschränkung ist bei der Aussageformulierung zu beachten (Ableitungen nach DeVellis 1991: 85; siehe auch Schermelleh-Engel/Werner 2012).

31 Als anerkannter Indikator für kulturelles Kapital gilt in quantitativen Messungen die Anzahl der sich im Haushalt befindlichen Bücher. Der Buchbesitz lässt auf eine bestimmte Bildungsnähe schließen und ist somit ein Hinweis auf die Sozialschicht (vgl. Bos et al. 2007: 228).

einnehmen, ist jedoch nicht zwingend positiv. So berichteten einige Kinder aus weniger gebildeten Verhältnissen bspw., sich risikoreiche bzw. illegale Verhaltensweisen hinsichtlich der Internetnutzung bei den Vätern abgeschaut zu haben (vgl. Schmidt et al. 2009: 19).

Bezüglich pathologischer Computer- und Internetnutzung als schichtspezifische Problematik sind aussagekräftige Forschungsergebnisse äußerst rar. Dies wird im empirischen Abschnitt dieser Arbeit untersucht.

3.5. Die Bedeutung des elterlichen Erwerbsstatus für die Familie und den jugendlichen Computer- und Internetgebrauch

Wissenschaftliche Befunde zum Zusammenhang zwischen elterlichem Erwerbsstatus und exzessiver oder pathologischer Computer- und Internetnutzung gibt es derzeit nur vereinzelt (vgl. Durkee/Kaess et al. 2012: 2219). Durkee und Kaess et al. (2012) gingen dieser Frage nach und attestieren Jugendlichen arbeitsloser Eltern ein signifikant erhöhtes Risiko sowohl für maladaptive als auch für pathologische Internetnutzung.[32] Der elterliche Erwerbsstatus stellte sich als eine der einflussreichsten Variablen heraus (vgl. ebd: 2219). Laut Konert (2004) hat die eigene berufliche Situation einen erheblichen Einfluss darauf, ob man das Internet nutzt oder nicht (vgl. Konert 2004: 21) und sei neben dem Bildungsstand und dem Haushaltseinkommen ein sicherer Prädiktor hierfür. 2002 waren über 70% der sich in Ausbildung befindlichen und 57% der Berufstätigen online. Unter den Hausfrauen und -männern hingegen waren es nur 30% und lediglich 20% der nicht Beschäftigten zählten zu den Internetusern (vgl. ebd.). Auch heute gibt es einen deutlichen Unterschied zwischen Berufstätigen und Nichtberufstätigen. 2012 stieg der Anteil der Internetnutzer unter den Nichtberufstätigen erstmals auf über 60% (genau: 60,4%)[33]; von den Berufstätigen jedoch zählen sich 88,4% zu den Onlinern (vgl. Initiative D21 2012: 5). Die verminderte Internetnutzung unter Erwerbslosen könnte als eine mögliche indirekte Ursache für die Befunde von Durkee und Kaess et al. (2012) betrachtet werden. Wie oben bereits instruiert, benötigt eine aktive Medienerziehung elterliche Medienkompetenz und -interesse. Wird das Internet jedoch kaum genutzt, ist anzunehmen, dass diese Faktoren eher mangelhaft ausgeprägt sind und somit die Medienbegleitung, das Interesse am medialen Tun des eigenen Kindes und vor allem die Vorbildrolle nicht in ausreichendem Maße geleistet werden können. Eine weitere denkbare Erklärung für den dargestellten Effekt wäre eine

32 Die Probanden wurden basierend auf den Ergebnissen des Erhebungsinstruments Young Diagnostic Questionnaire for Internet Addiction (YDQ) in drei Gruppen eingeteilt: adaptive, maladaptive und pathologische Internernutzer (vgl. Durkee/Kaess et al. 2012: 2212).

33 Zu den Nichtberufstätigen zählen hier jedoch auch Rentner, Auszubildende, Schüler und Studenten (vgl. Initiative D21 2012: 5).

Verschlechterung des Familienklimas aufgrund des Stressfaktors Arbeitslosigkeit (dieser Aspekt wird im nächsten Kapitel stärker fokussiert). Die Thematik ist aus sozialisationstheoretischer Perspektive jedoch komplex. Dauer und Ursache der Erwerbslosigkeit z.B. spielen eine erhebliche Rolle für die persönliche Belastung und somit auch für die Beeinträchtigung des Familienklimas. Aufgrund dieses Umstandes ist es ratsam, bei der Datenerhebung in die Tiefe zu gehen, um eine entsprechende Differenzierung in der späteren Aussage und Interpretation zu ermöglichen. Bei langanhaltender Erwerbslosigkeit besteht für die Familie zudem eine erhöhte Wahrscheinlichkeit in eine finanzielle Notlage zu geraten. Ist die Familie hierdurch von Armut bedroht oder gar betroffen, entstehen weitere Herausforderungen. Relative Armut[34] „führ[t] zu einer hohen psychischen Belastung beider Elternteile, die schnell auf die Beziehung zwischen den Eltern überspringen und von hier auf das Erziehungsverhalten und die Beziehungen zu den Kindern ausstrahlen. Ein sprunghafter Erziehungsstil, aggressives und unberechenbares Verhalten, inkonsistente Strafen und Alkohol- und Drogenkonsum der Eltern können die Folge sein" (Hurrelmann 2004: 114).[35] Durkee und Kaess et al. (2012) erklären ihren Befund mit einer möglichen Verschiebung des Fokus vom Jugendlichen zu der problematischen Situation der Arbeitslosigkeit, woraus ein geringes elterliches Engagement resultiert (vgl. Durkee/Kaess et al. 2012: 2219). Die 2. World Vision Kinderstudie, die 2529 Kinder im Alter von 6 bis 11 Jahren befragte, instruierte einen Befund, der diese Annahme untermauert. Es erhielten nicht wie man zunächst annehmen sollte, Kinder, deren Eltern einer Arbeit nachgingen, weniger Zuwendung. Mit einem Anteil von 30% sind es vorrangig die Kinder, deren Eltern arbeitslos sind oder aus sonstigen Gründen keiner Erwerbstätigkeit nachgehen, die ein elterliches Zuwendungsdefizit beklagen (vgl. Schneekloth/Pupeter 2010: 88f). Diese Angabe machten hingegen 17% der Kinder, deren Eltern beide vollzeiterwerbstätig waren und lediglich 8% der Kinder, bei denen ein Elternteil vollzeit- und einer teilzeiterwerbstätig war. Hieraus geht hervor, dass „verstärkte Erwerbstätigkeit bei den Eltern und Zuwendung (…) kein Widerspruch [sind]. Im Gegenteil: eine geregelte Erwerbsbeteiligung der Eltern stabilisiert die häuslichen Verhältnisse und hilft, die gemeinsam verbrachte Zeit intensiver miteinander zu nutzen" (World Vision Deutschland e.V.: 20). Zuwendungsdefizite wurden seitens der Kinder dann vermehrt beklagt, „wenn die Integration der Eltern in den Arbeitsmarkt eher prekär" (Schneekloth/Pupeter 2010: 90) war. Dieser Befund hebt die Qualität der verbrachten Zeit über die Quantität. Interessanterweise korreliert auch das vorherrschende Bindungsmuster mit der Frage, ob Kinder zu Hause oder von anderen betreut wer-

34 Relative Armut besteht dann, wenn eine Person oder Familie aufgrund der geringen materiellen, kulturellen und sozialen Ressourcen von einer bestimmten gesellschaftlichen Lebensweise ausgeschlossen ist (vgl. Hurrelmann 2004: 114).

35 Auch sozial schwächere Familien sind häufig von relativer Armut bedroht (vgl. Chassé 2010, S 157ff).

den (etwa in Krippe oder Kita), nicht. Die umfangreiche und methodisch anspruchsvolle NICHID Study of Early Child Care, die Ende der 1990er Jahre in den USA durchgeführt wurde, zeigte, dass Kinder, die halb- oder ganztags von anderen als den eigenen Eltern betreut wurden, sich in ihrer Bindung zu ihren Müttern nicht von denjenigen Kindern unterschieden, deren Mütter keiner Beschäftigung nachgingen (vgl. Hopf 2005: 77).[36]

Laut statistischem Bundesamt geht in den meisten OECD-Staaten „das Vorhandensein eines beruflichen Bildungsabschlusses mit einer deutlich höheren Beschäftigungsquote einher" (Statistische Ämter des Bundes und der Länder 2011: 48). Auch in Deutschland waren 2009 54,9% der Personen mit Abschluss des Sekundarbereichs I oder weniger (geringes Qualifikationsniveau) beschäftigt. Für Personen mit Abschluss des Sekundarbereichs II bzw. des postsekundaren nichttertiären Bereichs (mittleres Qualifikationsniveau) lag die Beschäftigungsquote bei 75,5 % und für Menschen mit Abschluss des Tertiärbereichs (hohes Qualifikationsniveau) bei 86,4 % (vgl. ebd.). Im nachfolgenden Abschnitt wird auf jene Verstrickung im Zusammenhang mit dem Familienklima eingegangen.

3.6. Familienklimatische Aspekte und ihre Verknüpfung zu gegebenen Lebenslagen und -bedingungen im Hinblick auf jugendliche Computer- und Internetnutzung

An mehreren Stellen dieser Arbeit wurde bereits auf das Familienklima eingegangen und eruiert, welches komplexe Konstrukt sich dahinter verbirgt, was es abbildet und welche Faktoren eine Rolle spielen. Es lässt sich u.a. anhand der Kohärenz innerhalb der Familie, ihrer Offenheit gegenüber Konflikten und den vorherrschenden Konfliktlösungsstrategien charakterisieren (vgl. Ratzke et al. 2008: 250).

> „Weitere Merkmale sind die Kontrollmechanismen, Wertorientierungen sowie die Art und Weise der Freizeitgestaltung. Auch Fragen danach, wie Familien Aufgaben bewältigen und wie innerfamiliäre Rollen verteilt sind; ob sie effektiv ausgefüllt werden und welches Ausmaß und welche Qualität des Interesses der einzelnen Familienmitglieder füreinander gezeigt und zugelassen werden, gehören in diesen Bereich" (ebd.).

Diese Charakteristika stehen in engem Zusammenhang mit Erziehungsstil und -zielen der Eltern. In allen sozialen Schichten ist eine generelle Richtungsbewegung zu mehr Autonomie des Kindes und weniger Autorität durch die Eltern zu be-

36 Natürlich ist der Umstand, dass eine Mutter sich freiwillig dazu entschließt, ihr Kind zu Hause zu betreuen, statt den Beruf (wieder) aufzunehmen nicht mit Erwerbslosigkeit, die schließlich häufig unfreiwillig ist und das Familienklima belastet, gleichzusetzen. Dennoch ist es in diesem Zusammenhang ein interessanter Befund, der zeigt, dass es vielmehr auf die Qualität als das Quantum der verbrachten Zeit ankommt.

obachten (vgl. Hradil 2001: 448; Zimmermann 2006: 99). Da jedoch „der Ablauf der familiären Sozialisation (…) wesentlich durch die Werte, Einstellungen und Erziehungsziele der Eltern geprägt [wird]“ (Hradil 2001: 447), bleibt ein relativer schichtbezogener Unterschied bestehen, wenn auch auf höherem Niveau von Individualität. „In ‚Dienstklassen‘ werden Erziehungsziele z.B. hin zur Förderung des ‚eigenen Menschenverstandes‘ und der ‚eigenen Urteilsgabe‘, des ‚Verantwortungsbewußtseins‘ [sic!], der ‚Rücksicht‘ und des ‚Interesses an Dingen‘ deutlich höher bewertet als in der Arbeiterklasse“ (ebd.: 448). Nach Kohn (1981) ist davon auszugehen, „daß [sic!] die Art der Arbeit, der eine Person nachgeht, ihr Wertesystem beeinflußt [sic!]“ (Kohn 1981, zit. n. Hofer 1992b: 75). Je höher die soziale Position einer Person, desto größer ist aufgrund der entsprechenden Erfahrungen die Wahrscheinlichkeit, dass sie annimmt, ein Leben nach eigenen Werten und Standards sei möglich und effektiv. Je niedriger die Stellung, umso größer ist die Wahrscheinlichkeit, dass Anpassung und Gehorsam hohen Stellenwert genießen (vgl. Hofer 1992b: 74; Hradil 2001: 448; Hwang 2001: 100). Ebenso besteht ein Unterschied zwischen den formalen Bildungsgraden im Anlass des Eingreifens von Eltern. Während Eltern mit niedrigerem Bildungsgrad vornehmlich auf das beobachtbare Verhalten reagieren, gilt die Reaktion höher gebildeter Eltern eher der dahinterstehenden Absicht (vgl. Hradil 2001: 450). Jedoch weisen die Autoren auf die Komplexität sogenannter „schichtspezifischer Sozialisation“ hin, da noch weitere u.U. ungleiche Faktoren eine Rolle spielen. Zudem sind Aussagen über einen möglichen Kausalzusammenhang und eine Wirkungsrichtung nur schwer zu treffen (vgl. Hofer 1992b: 76; Hradil 2001: 449).

In Zusammenhang und Reziprozität mit dem Familienklima stehen die vom Kind entwickelten Bindungsmuster. Die Qualität von Beziehungen und Interaktionen ist für die Entwicklung „spezifischer Bindungen an signifikante Bezugspersonen entscheidend“ (Ecarius et al. 2011: 68). Die Bindungsforschung ist erziehungs- und sozialisationstheoretisch höchstrelevant, da sie „in einer dialektischen Perspektive Bindungen einerseits als grundlegend für Interaktionen ansieht, andererseits jedoch die Auswirkungen von Interaktionen auf die Qualität von familialen Beziehungen untersucht“ (ebd.: 59). Somit ist ein Fokus der Bindungsforschung die Untersuchung der affektiven Beziehungen zwischen Kind und Eltern (vgl. ebd.), die auch einen Ausschnitt des Familienklimas abbilden (vgl. Kap. 5.1.1.3). Während das Geschlecht keinen Einfluss auf die Bindungsqualität hat (weder auf elterlicher Seite noch auf Seiten der Kinder), besteht eine schichtgebundene Differenz (vgl. Hopf 2005: 71).

> „Kinder aus Familien unterer Schichten, deren Eltern einen vergleichsweise niedrigeren Bildungsstand haben und in geringer qualifizierten, schlechter bezahlten Berufen beschäftigt sind, zeigen (…) ein unsichereres Bindungsverhalten als Kinder, deren Eltern der gehobenen Mittelschicht mit entsprechendem Bildungsabschluss und Einkommen angehören“ (Ecarius et al. 2011: 68).

Gründe für diesen Befund sind jedoch schwer zu fassen. Um differenzierte Aussagen zu diesem Zusammenhang treffen zu können, bedarf es an dieser Stelle weiterer Forschung (vgl. ebd.). In Verbindung hierzu steht die Strategie zur Stressbewältigung des Jugendlichen. „Je harmonischer und positiver das Familienklima sich gestaltet, desto positiver und empathischer werden die Eltern von ihren Kindern wahrgenommen und desto stärker sind Kinder von ihrer Selbstwirksamkeit und Problemlösungskompetenz überzeugt“ (Hwang 2001: 167). Ausschlaggebend für ein Gelingen sind die zur Verfügung stehenden Ressourcen, die mobilisiert werden können. Ein Fehlen dieser Ressourcen in der Familie wirkt sich auch auf die Bewältigungsstrategien der Jugendlichen aus (vgl. Kap. 3-3.1). Pathologische Internetnutzung als Strategie zur Bewältigung negativer Emotionen wurde empirisch vermehrt nachgewiesen (vgl. Jäger et al. 2008; Durkee/Kaess et al. 2012; Schuhler/Vogelgesang/Flatau et al. 2012; Siomos et al. 2012). „Adolescents who had poor relationships with parents will later develop poor social skills and social relationships. Adolescents will choose to spend excessive time on the Internet in order to escape from real social interaction and conflicts with families“ (Shek et al. 2013: 2795). Vor allem Computerspielen wird insbesondere bei ängstlich gebundenen Jugendlichen als Stimmungsregulation eingesetzt (vgl. Jäger et al. 2008: 15). Darüber hinaus weisen pathologische Computerspieler ein erhöhtes Stresserleben auf und fühlen sich „durch ihre konkrete Lebenssituation häufiger überfordert“ (ebd.: 11f), gepaart mit einem eher vermeidenden Copingstil. Ebenso gilt der Umkehrschluss: sicher gebundene Jugendliche sind deutlich seltener unter den pathologischen Spielern zu finden (vgl. ebd.: 15). Diese Parameter stehen in reziproker Beziehung zueinander; der Jugendliche versucht, den negativen Gefühlen zu entfliehen und nutzt das Internet als virtuellen Bewältigungsersatz (vgl. Durkee/Kaess et al. 2012: 2219); die resultierende erhöhte Nutzung bietet den Eltern Anreiz für neue Konflikte. Eine Erklärung für die Entscheidung des Individuums für eine vermeidende Strategie trotz ihrer hinderlichen Funktion für einen erfolgreichen Verlauf des Bewältigungsprozesses liegt in den Bindungsmustern. Nimmt der Jugendliche die elterliche(n) Bezugsperson(en) als wenig feinfühlig und zurückweisend wahr, kann sich ein abweisender Bindungsstil manifestieren und so zu einem verstärkten Vermeidungs- und Rückzugsverhalten führen (vgl. Schuhler/Vogelgesang/Flatau et al. 2012: 18f). Ist das Verhalten der Bezugsperson inkonsistent und somit für das Kind nicht prädiktabel, kann daraus ein ängstlicher Bindungsstil resultieren, der häufig mit vermeidenden Bewältigungsstrategien, Ängstlichkeit und Resignation einhergeht. Bei Jugendlichen (im Alter zwischen 12-25 Jahren) bestehen in der Option der Reaktion auf Probleme wesentliche Schichtunterschiede: eine Ablenkung durch Fernseher oder Computer nutzt die Hälfte der Jugendlichen aus der Unterschicht öfter oder immer; in der Oberschicht tun dies hingegen nur 20% (vgl. Gensicke 2010: 235). Hopfs (2005) Erklärung zu dem Phänomen der schichtgebundenen Differenzen der Bindungsmuster gründet auf dem generellen Familienklima, das durch erhöhte

Stressbelastung im Alltag der niedrigeren Schichten in Mitleidenschaft gezogen wird (vgl. Hopf 2005: 71f; vgl. Kap. 3.1). Ein positives Familienklima und eine sichere Bindung korrelieren wiederum mit dem praktizierten Erziehungsstil (vgl. Hwang 2001: 16.). So erwies sich auch die Art der Betreuung hinsichtlich einer Internetabhängigkeit als aussagekräftig (vgl. Siomos et al. 2012). Während eine gute elterliche Betreuung mit niedrigen Werten in der Messung der Internetabhängigkeit korrelierte, ging eine starke Überbehütung („overprotection“) mit hohen Werten einher (vgl. Siomos et al. 2012: 216).

Wie im Kapitel 3.2.1 bereits instruiert, sind Eltern auch für Heranwachsende wichtige Ansprechpartner. In der Shell-Jugendstudie (2010) stellte sich das Verhältnis des Jugendlichen zu den Eltern „umso ungünstiger dar, je niedriger die Schichtzugehörigkeit der Jugendlichen ist“ (Gensicke 2010: 229). Zwar zogen 61% aller Jugendlichen ihre Eltern öfter oder immer hinzu, die Diskrepanz zur Inanspruchnahme freundschaftlicher Hilfe war jedoch in der Unterschicht am gravierendsten; 80% der Befragten gaben an, mit Freunden über Probleme zu reden und nur 46% würden mit den Eltern sprechen. Jugendliche aus der Oberschicht besprechen sich auch vermehrt mit Freunden (83%), die Eltern bleiben jedoch für 72% weiterhin wichtiger Ansprechpartner. Zudem griffen in der Unterschicht 15% der Jugendlichen niemals auf elterliche Unterstützung zurück, in der Oberschicht hingegen waren dies nur 4% (vgl. Gensicke 2010: 229). „Die sozialen Unterstützungsverhältnisse sind also in der Unterschicht deutlicher als in der Oberschicht von den Eltern in Richtung der Freunde verschoben, die offensichtlich eine gewisse Kompensation für mangelnde Unterstützung in schwierigen Elternhäusern bieten“ (ebd.). In der 2. World Vision Kinderstudie wurden Armutserleben, untere Herkunftsschicht sowie Aufwachsen bei einem alleinerziehenden Elternteil als relevante, auf die Zufriedenheit der Kinder einflussnehmende Merkmale identifiziert (vgl. Schneekloth/Pupeter 2010: 91f).[37] Vermehrt wurde eine geringe Funktionalität der Familie als Begünstigung für pathologischen Internetgebrauch nachgewiesen (vgl. Yen et al. 2007; Jäger et al. 2008; Kammerl et. al 2012). Aus der Studie von Yen et al. (2007) gingen Konflikte zwischen den Eltern, vom Jugendlichen erfahrene positive Attitüden der Eltern gegenüber Substanzgebrauch und Alkoholkonsum der Geschwister als ein Vorhersagemodell für Internetabhängigkeit hervor. Vermehrte Konflikte zwischen Eltern und Adoleszentem wurden jedoch als einflussreichster Prädiktor für Internetabhängigkeit identifiziert. Darüber hinaus zeigten sich Parallelen des Phänomens

37 Diese Faktoren sind stark ineinander verstrickt. So korreliert alleinerziehend zu sein mit einer eher geringen Bildungsposition (vgl. Schneekloth/Pupeter 2010: 78). Hinzu kommt eine überproportionale Armutsbetroffenheit derjenigen Kinder, deren Eltern erwerbslos oder alleinerziehend sind. Ebenso „hoch korreliert mit und letztendlich auch verursacht ist [der Ausschluss von einer Erwerbstätigkeit] durch ein niedriges elterliches Bildungsniveau. Entsprechend trifft es vorrangig Kinder aus der Unterschicht (...) und (...) überproportional häufig Kinder aus der unteren Mittelschicht“ (ebd.: 84).

zu Substanzmissbrauch und -abhängigkeit; als Erklärung für diese Resultate wurde u.a. mangelndes oder inadäquates elterliches Monitoring herangezogen (vgl. Yen et al. 2007). In der EXIF-Studie wurde die affektive Beziehungsaufnahme als signifikanter Risikofaktor für ein Dreiebenen-Problem isoliert (vgl. Rosenkranz 2012: 139f). Laut Cierpka und Frevert (1994) „wird das Optimum der affektiven Beziehung nicht als Mittelpunkt zwischen den beiden Extremen Kohäsion und Loslösung definiert. Das Familienmodell geht von einer dialektischen Beziehung beider Prozesse aus, der Sicherheit der Gesamtfamilie einerseits und der Autonomie jedes einzelnen Familienmitglieds andererseits" (Cierpka/Frevert 1994: 7f). Schwierigkeiten in adoleszenztypischen Familienentwicklungsaufgaben korrelierten ebenfalls mit exzessiver Computer- und Internetnutzung (vgl. Hirschhäuser et al. 2012: 161). Höchstsignifikant für das Risiko einer dreifachen Problemdefinition in EXIF war das dysfunktionale jugendliche Rollenverhalten. Die Rollenänderung eines Familienmitgliedes muss die Reaktion der anderen nach sich ziehen (vgl. Rosenkranz 2012: 139f; vgl. Kap. 3-3.1). Pathologische Nutzer entsprechend einer dreifachen Problemdefinition wiesen „die Schwierigkeit, sich an neue Rollen im Verlauf des Lebenszyklus anzupassen [auf]. Dieses Indiz für eine adoleszenztypische Beziehungsveränderung legt nahe, dass der problematische Computer- und Internetkonsum mit dieser in Zusammenhang steht und [nachgewiesene] familiale(...) Konflikte entsprechende Aushandlungsprozesse darstellen" (Hirschhäuser et al. 2012: 161). Vor allem die Balancierung zwischen Autonomie und Nähe stellte sich als problematisch heraus verbunden mit einem geringen Potential zur innerfamilialen Bewältigung von Konflikten (vgl. ebd.). Ein Mangel an emotionaler und psychischer Unterstützung (vgl. Davis 2001; Durkee und Kaess et al. 2012) und Desinteresse der Eltern, unter dem Jugendliche litten, wurde vielfach als entscheidender Faktor für pathologische Internetnutzung identifiziert (vgl. Durkee/Kaess et al. 2012: 2220).

Auch der Verlust der Arbeitsstelle ist für die ganze Familie ein einschneidendes Ereignis, das sich auch auf die Kinder auswirkt, die die durch den Statusverlust bedingte Verunsicherung ihrer Eltern wahrnehmen. „Sicherheit und Verlässlichkeit der Bezugspersonen (...) werden in Frage gestellt" (Hurrelmannn 2004: 114). Die sich daraus ergebene Belastung kann sich auf die innerfamilialen Beziehungen und somit auf das Erziehungsverhalten der Eltern auswirken und das Familienklima mitunter stark beeinträchtigen (vgl. ebd.). „Die zwingend erforderlichen Bewältigungs- und Anpassungsstrategien an die Arbeitslosigkeit münden häufig in eine zunehmende Konflikthaftigkeit des familialen Zusammenlebens und damit auch in die Beeinträchtigung intergenerationaler Beziehungen" (Heintze 2002: 276). Der Verlust der Arbeitsstelle wird oft als Kontrollverlust erlebt und ruft in dem Betroffenen meist Angstgefühle, Selbstvertrauensverlust und Selbstunzufriedenheit hervor (vgl. ebd.: 277). Je größer der Mangel an entsprechenden Ressourcen, die zur Bewältigung mobilisiert werden (z.B. Bildung), oder an Vermögen zur Assimilation an die gegebenen Umstände wie den verminderten monetären Verfügungsrahmen, desto wahrscheinlicher ist die Beeinträchtigung der Qualität der familialen Beziehungen (vgl. Kap. 3.1). Darüber hinaus sind „Häufigkeit und Dauer der Arbeitslosigkeit mitentscheidend. Je größer die Unzufriedenheit bei den Familienmitgliedern ist, je mehr das Selbstwertgefühl bei ihnen beeinträchtigt ist, je pessimistischer sie in die Zukunft blicken, desto abträglicher wird das Familienklima sein" (ebd.: 277). Persistente Angst vor dem Verlust der Arbeitsstelle überlagert sich auch auf die Kinder.

Beinah jedes zweite Kind (49%) der Unterschicht hat Angst vor dem Verlust der Arbeitsstelle eines Elternteiles; in der Oberschicht hingegen sind es lediglich 19% (vgl. World Vision Deutschland 2010).

Mit Blick auf diese tiefen Verstrickungen der aufgezeigten Parameter wird im nachfolgenden Kapitel das hieraus entstandene Forschungsinteresse in Anlehnung an die aktuelle Forschungslandschaft dargestellt.

4. Forschungsinteresse und Zielsetzung

Der Interessenfokus dieser Arbeit liegt darin, ein Auftreten der dargestellten spezifischen Strukturen bei exzessiver und pathologischer Computernutzung und deren Zusammenspiel zu erkennen. Von zentraler Bedeutung ist es, diejenige Problemgruppe definieren zu können, der besondere Aufmerksamkeit zuteil werden muss. Es ist davon auszugehen, dass das Wissen um die generelle strukturelle Beschaffenheit der Risikogruppe helfen kann, eine gesonderte und somit effizientere pädagogische Hilfestellung für die Betroffenen zu leisten. Die Kenntnis über die Intensität dieser Gefährdung, wenn man denn von einer solchen sprechen kann, nimmt ebenfalls einen hohen Stellenwert ein. Für den Großteil der hier formulierten Fragestellungen gilt die übergeordnete Frage nach dem gravierendsten Einflussfaktor. Die Relevanz dieses Wissens liegt in der Ableitung medienpädagogischer Konsequenzen. Art und Weise, Inhalt und Ort der Hilfsangebote und Präventionsmaßnahmen können somit positiv beeinflusst und deren Effekt maximiert werden.

Aufgrund der zahlreichen Studienbelege über die Disparitäten zwischen bildungsnahen und bildungsfernen Herkunftsfamilien ist die Annahme einer ähnlichen Verteilung hinsichtlich der Problematik pathologischer Computernutzung naheliegend. Vor allem vor dem Hintergrund der konsumierten Medieninhalte kommt die Bedeutung und Intensität dieser Einflussgröße zum Tragen. Anlehnend an bisherige Erkenntnisse aus der wissenschaftlichen Forschung bezüglich der Einflussstärke des Familienklimas, der Sozialschichtzugehörigkeit sowie des Erwerbsstatus auf zentrale Faktoren in der Kindheit und Jugend und die jugendliche Mediennutzung untersucht die vorliegende Arbeit sowohl die Einzeleinflüsse als auch das Zusammenwirken dieser Einflussgrößen hinsichtlich exzessiver und pathologischer Internet- und Computernutzung. Vielfach wurde ein dysfunktionales Familienklima als signifikanter Risikofaktor nachgewiesen. Ebenso zeigten Durkee und Kaess et al. (2012) signifikante Ergebnisse zum elterlichen Erwerbsstatus in Verbindung mit der jugendlichen Internetnutzung. In der vorangehenden theoretischen Heranführung wurde die Verstrickung dieser drei Faktoren deutlich. Wie spielen sie jedoch im Hinblick auf die Computernutzung zusammen und welcher Faktor hat den gravierendsten Einfluss?

Die Relevanz der Medienerziehung und ihr Einfluss auf die jugendliche Mediennutzung wurde vorstehend eindringlich instruiert. Ebenso wurden diesbezüglich sozialstrukturelle Diskrepanzen deutlich. Können diese Erkenntnisse auch hier bestätigt und untermauert werden? Die vorliegende Arbeit widmet sich in einem zweiten Schritt dem Nachweis einer verminderten Medienerziehungsqualität in unteren Schichten in Bezug auf die im Kapitel 3.3.1 hervorgehobenen Dimensionen der Medienerziehung: die *medienerzieherische Begleitung*, das *Interesse am medialen Konsuminhalt des Kindes*, die *selbstverantwortliche Regulierung* der Nutzung von Internet und Computer durch das Kind im Sinne einer vermehrten, adoleszenzadäquaten Autonomiegewährung, die *elterliche Vorbildfunktion* und die *elterliche Medienkompetenz*. Dieser Nachweis kann für die Konzeption und Erarbeitung von Beratungsangeboten und Unterstützungsmaßnahmen relevant sein, da man mit klarem Inhalt gezielt auf entsprechende Gruppen zugeschnittene Hilfe anbieten könnte. Obwohl mit der Erfassung des Familienklimas durch die Familienbögen bereits wichtige Faktoren der Erziehung, ihrer Ziele und Praktiken erfasst werden und diese sich auch in der Medienerziehung wiederfinden, ist es dennoch sinnvoll, diese losgelöst hiervon in den Blick zu nehmen. Der ausschlaggebende Punkt besteht in den zuvor dargestellten innerfamilialen Generationsdifferenzen in Bezug auf Medien (vgl. Kap. 3.3.1). Immerhin fühlen sich beinah ein Drittel (32,5%) der Eltern aus Familien ohne Problemdefinition in der Medienerziehung unsicherer als in anderen Bereichen der Erziehung. 20,9% schätzen sich als wenig medienkompetent ein (in der Gruppe der dreifachen Problemdefinition halten sich 45,7% der Eltern für wenig medienkompetent; vgl. Rosenkranz 2012: 133). Demnach liegt die Annahme nahe, dass die Medienerziehungsqualität von übrigen Erziehungsbereichen in einer nicht zu vernachlässigenden Größenordnung abweicht. Aus diesem Grund wird eine vom Familienklima losgelöste Betrachtung der Medienerziehung für sinnvoll erachtet. Aus den qualitativen Forschungsmodulen der EXIF-Studie wurde deutlich, „dass [betroffene] Eltern sich nicht ausreichend für die Mediennutzung ihrer Kinder interessieren und auch der begleitende Teil der Medienerziehung nicht genügend von den Eltern ausgefüllt wird" (Hirschhäuser et al. 2012: 159). Zusammenfassend sind bei diesen Eltern Mängel in der altersadäquaten Begleitung, ihrem Vorbildverhalten und ihrer Medienkompetenz festzustellen (vgl. ebd.). Diese Mängel könnten also mit pathologischer Internetnutzung bei Jugendlichen in Verbindung zu bringen sein. Die vorliegende Arbeit zeigt im Hinblick auf die Intentionen, die hinter dem elterlichen Erziehungsverhalten stehen, eine schichtspezifische Divergenz auf. In der EXIF-Studie wurden reaktive Regeln im Hinblick auf eine pathologische Internetnutzung eher kontraproduktiv eingestuft. Es drängt sich die Frage auf, ob diese Sachlagen miteinander verknüpft werden können. In der vorliegenden Arbeit soll demnach ebenfalls durchleuchtet werden, ob ein Zusammenhang zwischen sozialer Herkunft und pathologischer Computernutzung vielleicht durch eben diesen medienerzieherischen Mangel zu erklären ist.

Die jeweilige Zuordnung des Jugendlichen zu pathologischem oder unauffälligem Nutzungsverhalten stützt sich auf die Compulsive Internet Use Scale, kurz: CIUS (vgl. Kap. 5.1.1.1). Bei CIUS liegt der Fokus nicht auf der Nutzungsfrequenz, da wie eingangs erläutert, das Feld pathologischer Computernutzung weitaus komplexer ist. Die Nutzungsfrequenz ist nicht der ausschlaggebende Faktor und kann nicht ausschließlich zur Diagnose von pathologischer Internetnutzung herangezogen werden. Auch bei hohem Zeitaufwand muss nicht zwingend eine pathologische Nutzung vorliegen. Das primäre Forschungsinteresse gilt demnach der Auftretenswahrscheinlichkeit eines nach CIUS diagnostizierten pathologischen Internetgebrauchs bei Zutreffen und Zusammentreffen der genannten drei Strukturparameter (Sozialschicht, Familienklima, elterlicher Erwerbsstatus). Wie an anderen Stellen nachgewiesen werden konnte, korreliert die Internetnutzungsfrequenz signifikant mit pathologischer Internetnutzung, wenn auch in überraschend geringem Maße (vgl. Meerkerk et al. 2009: 5; Rosenkranz 2012: 139). Wie in Kapitel 3.6 konstatiert, wird die Internetnutzung u.a. als Strategie zur Konfliktbewältigung und als Mittel zur Flucht vor familiärer Spannung genutzt (vgl. Shek et al. 2013: 2794f). Ebenso wurde an gleicher Stelle aufgezeigt, wie stark die familiale Atmosphäre bei Familien der unteren Schichten und bei Erwerbslosigkeit der Eltern belastet ist. Es ist also anzunehmen, dass Jugendliche aus Familien mit dysfunktionalem Klima sowie Jugendliche der Unterschicht und Kinder erwerbsloser Eltern eine erhöhte Nutzungsfrequenz aufweisen, auch wenn die Kriterien einer pathologischen Computer- und Internetnutzung nicht zutreffen. In der EXIF-Studie war die durchschnittliche Nutzung des Internets ein höchstsignifikanter Risikofaktor für ein Dreiebenen-Problem (vgl. Rosenkranz 2012: 139), weshalb die vorliegende Untersuchung diesen Faktor als zusätzliche, von CIUS losgelöste abhängige Variable involviert.

4.2. Fragestellungen

Wie aus der Theorie hervorgeht, ist die Annahme eines Einflusses des sozioökonomischen Status auf die jugendliche Mediennutzung naheliegend. Ist er jedoch durch andere Faktoren erklärbar? Unter Berücksichtigung der Fragilität des Familienklimas, seiner Empfindlichkeit in der Beeinflussung durch weitere Faktoren und der oben herausgestellten Verflechtung mit dem Sozioökonomischen Status drängt sich die Frage auf, ob seine Einflussgröße in Kombination mit der Sozialschichtzugehörigkeit variiert. Ist es Eltern bzw. Familien aus höheren Schichten aufgrund vorhandener Ressourcen, auf die zurückgegriffen werden kann, eventuell möglich, Defizite, die sich im Familienklima niederschlagen, zu kompensieren? Ist der Einfluss der klimatischen Verhältnisse demnach in sozial schwächeren Familien gravierender? Sind die Erkenntnisse von Durkee und Kaess et al. (2012) zum elterlichen Erwerbsstatus und seiner Korrelation mit pathologischer Internetnutzung auch an den dieser Arbeit zugrundeliegenden Daten festzustellen? Es ist zudem aufgrund der vorstehend erläuterten Umstände von großem Interesse, die elterliche Erwerbstätigkeit und ihre Einflussstärke um den Faktor der Schichtspezifität zu erweitern. Demnach stellt sich die Frage, ob die Einflussstärke des Erwerbsstatus auf die Mediennutzung Jugendlicher in Abhängigkeit vom sozioökonomischen Status variiert. Und welcher der drei Faktoren hat den stärksten Einfluss auf den Computergebrauch? In welchem Zusammenhang steht die Sozialschichtzugehörigkeit und die elterliche Medienerziehung? Sind Eltern aus unteren Schichten nachlässiger in der Medienerziehung ihrer Kinder als Eltern höherer Schichten? Welche Rolle spielen andere erklärende Variablen bei diesem Effekt? Ist die Risikobehaftung bestimmter Gruppen durch mangelnde Medienerziehungsqualität zu erklären? Steht verminderte Medienerziehungsqualität in Verbindung mit pathologischer Internetnutzung?

Schlussendlich stellt sich unabhängig von CIUS auch die Frage, ob und inwieweit die Sozialschichtzugehörigkeit, der elterliche Erwerbsstatus und das Familienklima in Zusammenhang mit vermehrter Internetnutzung stehen.

4.3. Hypothesen

Aus logischen Erwägungen wird für einige der aufgeführten Fragestellungen eine Kausalbeziehung unterstellt. Bei einigen Hypothesen ist die Wirkungsrichtung der Zusammenhänge zwischen den zu analysierenden Variablen bereits indiziert, da davon auszugehen ist, dass sich der Erwerbsstatus oder die Sozialschichtzugehörigkeit der Eltern nicht aufgrund ausufernder oder pathologischer Computernutzung des Jugendlichen verändert. Somit ist die Voraussetzung für die Formulierung von Kausalhypothesen gegeben (vgl. Backhaus et al. 2011). Aus den oben aufgeführten Fragestellungen gehen die folgenden inhaltlichen Hypothesen hervor:

Ein Einfluss der drei Parameter auf eine pathologische Computer- und Internetnutzung wird in den folgenden Hypothesen 1-3 postuliert.

H_1: Ein erhöhtes Risiko zu den pathologischen Internetnutzern zu gehören, haben...

- H_1a: ...Jugendliche, deren Familien der Unterschicht zuzuordnen sind.
- H_1b: ...Jugendliche aus Familien mit dysfunktionalem Familienklima.
- H_1c: ...jugendliche Kinder erwerbsloser Eltern.

H_2: Der Einfluss des Familienklimas und des elterlichen Erwerbsstatus kommt besonders in unteren Schichten zum Tragen.

Die Hypothese 3 verbindet die drei unabhängigen Variablen miteinander, um etwaige Verzerrungen bivariater Zusammenhänge aufzudecken.

H_3: Der positive Zusammenhang von sozioökonomischem Status und pathologischer Internetnutzung verringert sich durch die Berücksichtigung des Familienklimas und des elterlichen Erwerbsstatus als relevante Kontrollvariablen.

Annahmen bezüglich der Medienerziehung fassen Hypothese 4a, b und c zusammen.

H_4a: Höhere medienerzieherische Qualität ist bei Eltern eines höheren Sozialstatus vorzufinden.
H_4b: Die Korrelation zwischen medienerzieherischer Qualität und sozioökonomischem Status verringert sich unter statistischer Kontrolle weiterer erklärender Variablen.
H_4c: Elterliche medienerzieherische Qualität korreliert mit pathologischer Computer- und Internetnutzung ihrer jugendlichen Kinder.

Hypothesen 5a,b und c handeln die Annahmen der Einflussnahme entsprechender Faktoren auf die Nutzungsfrequenz ungeachtet einer nach CIUS diagnostizierten pathologischen Internetnutzung ab.

H_5: Eine besonders erhöhte Internetnutzungsfrequenz haben...
H_5a: ...Jugendliche, deren Familien den unteren Schichten zuzuordnen sind.
H_5b: ...Jugendliche aus Familien mit dysfunktionalem Familienklima.
H_5c: ...jugendliche Kinder erwerbsloser Eltern.

Die Hypothesen 5a,b und c sind ebenfalls als Zusammenhangshypothesen formuliert. Das zu wählende Testverfahren wird maßgeblich durch das Skalenniveau der abhängigen Variable vorgegeben. In diesem Fall ist die abhängige Größe metrisch skaliert (Nutzungsfrequenz in Minuten pro Tag) und erfordert somit aufgrund einer Zusammenhangsannahme eine lineare Regression. Vor der Durchführung des statistischen Verfahrens bedarf es zunächst jedoch der Überprüfung der Prämissen für eine lineare Regression. Unter anderem muss für die Durchführung der Regressionsanalyse eine Normalverteilung der Residuen vorliegen. Die Residuen sind der Schätzfehler e und geben die Differenz zwischen vorhergesagtem Wert (anhand der Korrelationsgeraden) und dem empirisch beobachteten an. Wie sich in dem Histogramm der standardisierten Residuen jedoch zeigte, war eine Normalverteilung nicht gegeben und somit eine zentrale Prämisse des linearen Regressionsmodells grob verletzt. Die Konsequenz einer solchen Verletzung wäre die Ungültigkeit der Signifikanztests (F-Test und t-Test; vgl. Backhaus et al. 2011: 84ff). Aus diesem Grund wurde die Durchführung einer linearen Regression verworfen. Um die Hypothesen dennoch überprüfen zu können, erfolgt eine Umstrukturierung der eingangs formulierten Zusammenhangshypothesen zu Unterschiedshypothesen (prinzipiell kann jede Hypothese sowohl als Zusammenhang als auch als Unterschied formuliert werden). Die variierten Hypothesen 5a,b und c lauten demnach wie folgt:

H_5a: Jugendliche von Eltern unterer Schichten[38] wenden für die Internet- und Computernutzung mehr Zeit auf als Jugendliche von Eltern oberer Schichten.
H_5b: Jugendliche aus Familien mit dysfunktionalem Familienklima wenden für die Internet- und Computernutzung mehr Zeit auf als Jugendliche aus Familien mit unauffälligem Familienklima.
H_5c: Jugendliche erwerbsloser Eltern wenden für die Internet- und Computernutzung mehr Zeit auf als Jugendliche erwerbstätiger Eltern.

38 Die Operationalisierung und Begründung für die Einteilung in „untere Schichten" und „obere Schichten" beinhaltet Kapitel 5.3.

5. Datenbasis und Forschungsmethodik

Wie bereits erwähnt, handelt es sich bei der vorliegenden Untersuchung um eine Sekundäranalyse. Die zugrundeliegenden Daten stammen aus der Hamburger Studie „Exzessive Internetnutzung in Familien" (kurz: EXIF) aus dem Jahr 2012. Ziel war es, Zusammenhänge zwischen exzessiver Computer- und Internetnutzung und der familialen Interaktion zur Verbesserung der Hilfs- und Beratungsangebote festzustellen. Die triangulative Studie gliedert sich in drei Module. Im ersten und zweiten qualitativen Modul wurden Experteninterviews mit Beratern aus Suchtprävention und Familienberatung sowie insgesamt acht (jeweils vier getrennte) Gruppeninterviews mit Eltern und Jugendlichen durchgeführt. Das quantitative Modul bestand aus einer bundesweiten quasi-repräsentativen Befragung von Jugendlichen und je einem Elternteil, wobei der hierfür generierte standardisierte Fragebogen Ergebnisse aus den Prämodulen berücksichtigte. Somit wurde dem Prinzip der Triangulation gerecht, sich einem Sachverhalt zunächst auf qualitativer Ebene zu nähern, um Hypothesen generieren und zentrale Bedingungen gezielt erfassen zu können (vgl. Hirschhäuser 2012: 110). Die Problematiken exzessiver Computer- und Internetnutzung unter Berücksichtigung der familialen Einflüsse wurden hier erstmalig mit quantitativen Verfahren systematisch untersucht (Hirschhäuser et al. 2012: 45). Um speziellen aus den qualitativen Ergebnissen vermuteten Häufungen als zentrale Frage in der quantitativen Untersuchung präzisiert nachgehen zu können (vgl. Hirschhäuser 2012:110f), erfolgte das Ziehen einer für die Zielgruppe repräsentativen Quotenstichprobe aus der Grundgesamtheit mit entsprechend festgelegten Quotierungsvorgaben (Alter und Geschlecht des Jugendlichen, Nielsengebiete[39], drei Ortsgrößenklassen, besuchte Schulform des Jugendlichen und Familienform (gemeinsam- oder alleinerziehend); vgl. Hirschhäuser et al. 2012: 49).[40] Auch wurde die Validität der extern geführten Interviews stichprobenartig kontrolliert und sichergestellt. Signifikante Ergebnisse der vorliegenden Untersuchung sind

---

39 Die Nielsen Company ist in über 100 Ländern aktiv und teilt auch Deutschland vor allem zu Marktforschungszwecken in verschiedene Regionen ein. Die größte Unterteilungseinheit sind die Nielsen Gebiete. Hierbei wurden „demographische, soziale und strukturelle Bedingungen berücksichtigt". Der Einbezug der Bundesländergrenzen ermöglicht einen übergreifenden Vergleich (Nielsen Company, http://www.de.nielsen.com/company/acnielsengebiete.shtml [Zugriff: 07.Januar 2013])

40 Bei einer Quotenauswahl werden Stichprobeneinheiten so ausgewählt, dass sie jeweilige Anteile in der Grundgesamtheit mit spezifischen, vorgegebenen Merkmalen (Quotierungsmerksmale) repräsentieren. „Die Quotenauswahl (...) stellt eine zweckmäßige Modifikation der willkürlichen Auswahl dar" (Voß et al. 2004: 55).

somit auf die Grundgesamtheit übertragbar. Die Analysen dieser Untersuchung wurden mithilfe des statistischen Software-Pakets IBM® SPSS® Statistics 19.0 für Mac OS X Version 10.6 vorgenommen.

5.1. Erhebungsmethode

Für Elternteil und Jugendlichen wurde je ein aus überwiegend geschlossenen und wenigen offenen Fragen bestehender, standardisierter Fragebogen zur Erfassung der Problematiken exzessiver Computer- und Internetnutzung unter Berücksichtigung ausgesuchter familialer Einflüsse konzipiert. Je nach Empfindlichkeitsgrad der Thematik wurden die Fragen von der befragten Person selbständig am Computer bearbeitet oder vom Interviewer vorgelesen und dann beantwortet (vgl. Hirschhäuser et al. 2012: 50). Die computergestützten face-to-face-Befragungen fanden in vertrautem Rahmen bei den Familien zu Hause statt.

> „Nach einem allgemeinen Einleitungstext, in dem ein Interesse an der Freizeit und Mediennutzung des Kindes formuliert und den Befragten absolute Anonymität zugesichert wurde, wurden u. a. folgende Themenbereiche abgefragt: Soziodemografische Angaben; Computer- und Internetnutzung der Eltern und des Kindes; Medienausstattung im Haushalt und im Kinderzimmer; Freizeitgestaltung des Kindes; Medienerziehung; Probleme mit der Computer- und Internetnutzung; Umgang mit problematischer Computer- und Internetnutzung“ (ebd.: 46).

Ich stütze mich in meiner Untersuchung auf die meiner Fragestellung entsprechenden Themenkomplexe. Diese zielt auf Teilbereiche der Freizeitgestaltung (die Computernutzungsfrequenz) ab. Zudem wird das Konstrukt der Medienerziehung berücksichtigt (dieses wurde ausschließlich durch den Elternfragebogen abgedeckt). Es gliedert sich in die fünf Dimensionen *Medienerzieherische Begleitung*, *Interesse am medialen Konsuminhalt des Kindes*, *selbstverantwortliche Regulierung*, *medienerzieherisches Vorbild* und *elterliche Medienkompetenz*, die durch gleichnamige Skalen eines eigenentwickelten Messinstrumentes zur Erfassung der medienerzieherischen Qualität abgebildet werden. Die Indikatorenauswahl und innere Konsistenz dieser Skalen wurde mittels Reliabilitätsanalyse statistisch überprüft (vgl. Kapitel 5.1.1.4). Darüber hinaus wurden vier weitere Messinstrumente eingesetzt, von denen drei in der vorliegenden Untersuchung Berücksichtigung fanden.

5.1.1. Messinstrumente

Die Erfassung des sozioökonomischen Status, des Familienklimas und der pathologischen Internetnutzung erfolgte mittels standardisierter, wissenschaftlicher Messinstrumente.[41] Keines dieser Instrumente gilt als alternativlos. Die Diskussion, die Vorzüge und Grenzen und die Begründung für die jeweilige Entscheidung wird hier nur angerissen und in Kapitel 7.3 ausführlicher fortgesetzt.

5.1.1.1. Compulsive Internet Use Scale

Die Compulsive Internet Use Scale „was designed to measure severity of CIU and originates from an analysis of the criteria for Dependence and Obsessive-Compulsive disorder as found in the DSM-IV, the literature on behavioral addictions, and from qualitative research among self-declared Internet addicts" (Meerkerk et al. 2009: 5). Das Antwortformat der insgesamt 14 Items der Skala liegt in Form einer fünfstufigen Likert-Skala von 0=nie bis 4=sehr häufig vor (vgl. ebd.: 1; für die dem hier verwendeten Datensatz zugrundeliegende deutsche Übersetzung der 14 Items siehe Petersen und Thomasius (2010)). Die Items repräsentieren die Kernelemente eines übermäßigen oder abhängigen Verhaltens, sofern sie auf die Internetnutzung übertragbar sind, und beziehen sich teilweise auf Elemente der Impulskontrolle. Dies sind Kontrollverlust, Vertieftsein (im Original: „preoccupation"), Konflikt, Entzugserscheinungen und Bewältigung (vgl. ebd.: 5). Darüber hinaus werden Fragen zur privaten Nutzungsintensität gestellt (an wievielen Tagen pro Woche man das Internet nutze und wieviele Stunden an einem ‚typischen' Tag). Die Schwere des pathologischen Verhaltens ergibt sich aus dem Summenwert der einzelnen Items. In der EXIF-Studie orientierte man sich in Anlehnung an eine niederländische Studie (van Rooij et al. 2011) zur Dichotomisierung dieses Summenwertes an einem Cut-off-Wert von 28 (vgl. Rosenkranz 2012: 47), dem ich mich ebenfalls anschließe.

Meerkerk et al. (2009) führten insgesamt drei Untersuchungen durch. Für eine Validitätsprüfung wurden bereits bestehende Instrumente zur Messung pathologischer Internetnutzung wie OCS (*Online Cognition Scale*) implementiert. Als Belege für die Validität der CIUS gelten ihre hohe Korrelation mit der OCS (r=.70) sowie die Korrelation mit problematischem Internetgebrauch nach eigener Einschätzung („Do you experience your Internet use as a problem?"; r=.45) und dem Gefühl, abhängig vom Internet zu sein („Do you feel or have you ever felt addicted to the Internet?"; r=.52; vgl. Meerkerk et al. 2009: 4ff). Auch die online verbrachte Zeit korrelierte mit der CIUS, wobei die Autoren den Hinweis geben: „that the correlation between CIU and time spent online was not high in absolute terms, indicating that CIU is more than solely spending a lot of time online" (ebd.: 5). Hervorzuheben ist die in allen drei Untersuchungen vorliegende hohe interne Konsistenz

41 Die verwendeten Messinstrumente sind im Anhang aufgeführt, der unter www.springer.com auf der Produktseite zu diesem Buch als zusätzliches Material einsehbar ist.

(Cronbachs α=0.89[42] für Untersuchung I und II und 0.90 für Untersuchung III; vgl. ebd.: 3).

Andere Instrumente wie dem *Internet Addiction Test* (IAT), der *Generalized Problematic Interet Use Scale* (GPIUS), *Internet Addiction Scale* (IAS) oder *Online Cognition Scale* (OCS) konnten laut Meerkerk et al. (2009) keine generelle Akzeptanz erreichen und nur einige von ihnen wurden an größeren Stichproben validiert oder getestet. Darüber hinaus kritisieren die Autoren, dass diese Instrumente eine hohe Bearbeitungszeit beanspruchen und somit bei Online-Befragungen mit einer geringen Rücklaufquote zu rechnen ist. Aus diesen Gründen entschieden sich Meerkerk et al. (2009) für die Konstruktion eines validen, kurzen, leicht zu applizierenden Instruments zur Messung einer pathologischen Internetnutzung (vgl. ebd.: 1). Die Bearbeitungszeit der CIUS liegt bei etwa fünf Minuten (vgl. Rosenkranz 2012: 47).

5.1.1.2. Herkunftsschicht-Index

Die Erfassung des sozioökonomischen Status erfolgte mithilfe des Herkunftsschicht-Index der 2. World Vision Studie (World Vision Deutschland e.V. 2010: 408f). Der Index kombiniert den elterlichen Bildungshintergrund mit den materiellen Ressourcen im Haushalt (vgl. ebd.: 408). Das Instrument erhebt den elterlichen Schulabschluss (fünfstufig; bei unterschiedlichen Schulabschlüssen der Elternteile gilt der jeweils höhere), die im Haushalt vorhandenen Bücher (fünfstufig) und die Wohnform (Eigentum oder Mietobjekt). Darüber hinaus wird gefragt, wie man mit dem zur Verfügung stehenden Geld zurechtkomme (ebenfalls fünfstufig). Jeder Antwort ist ein Punktwert zugeordnet. Die anschließende Zuordnung zur jeweiligen Schicht erfolgt entsprechend dem Summenwert der Punkte. In Kapitel 7.3 erfolgt eine kurze Einordnung und Diskussion im Sinne des wissenschaftlichen Diskurses und die Entscheidungsbegründung für dieses Instrument.

5.1.1.3. Familienbögen

Das Familienklima wurde in der dieser Arbeit zugrundeliegenden Repräsentativbefragung mittels der Familienbögen erfasst, die von Cierpka und Frevert (1994) zur Einschätzung von Familienfunktionen entwickelt wurden. Das Instrument ermöglicht die graphische Erstellung eines Familienprofils, das sich auf sieben Dimensionen erstreckt: *Aufgabenerfüllung*, *Rollenverhalten*, *Kommunikation*, *Emotionalität*, *Affektive*

42 Das Cronbachs α zur Messung der internen Konsistenz einer Skala bewegt sich zwischen 0 und 1. Für psychometrische Skalen gilt ein Wert ab 0,65 als annehmbar. Andernfalls ist nicht gewährleistet, dass die Skala durch die Items adäquat abgebildet wird (vgl. DeVellis 1991: 85).

Beziehungsaufnahme, *Kontrolle*, *Werte und Normen* (vgl. Cierpka/Frevert 1994: 1). Hieraus wird bereits ersichtlich, dass diese Dimensionen die bisher beschriebenen Beziehungen der Familienmitglieder untereinander, den Bewältigungserfolg der Familienentwicklungsaufgaben und die elterlichen Erziehungsvorstellungen einschließen.

> „Sie [die Familienbögen] geben eine Übersicht über die Funktionalität und die Ressourcen der Familie[,] ermöglichen eine unabhängige Überprüfung der klinischen Einschätzung der Familie[,] identifizieren Bereiche von familiären Problemen, die weiterführende familiendiagnostische Überlegungen fordern [und] machen quantitative Aussagen über die Funktionalität/Dysfunktionalität von Familien, die als Basis für die Überprüfung des Behandlungserfolgs dienen können" (ebd.: 50).

Um den jeweiligen Bedeutungen der unterschiedlichen familiären Parameter über die verschiedenen familienzyklischen Phasen hinweg Rechnung zu tragen, wurden Referenzwerte für fünf solche Phasen gebildet (vgl. ebd.: 2f). Dies ist ein Hauptcharakteristikum, worin sich die Familienbögen von anderen familiendiagnostischen Fragebögen unterscheiden (vgl. Benninghoven/Cierpka/Thomas 2008: 439). Für die vorliegende Untersuchung werden die Referenzwerte für Phase vier (Familien mit dem ältesten Kind von mindestens 12 Jahren im Haushalt) herangezogen. Das Testsystem besteht aus drei Modulen; im Allgemeinen Familienbogen (FB-A) wird die Familie als System fokussiert, der Zweierbeziehungsbogen (FB-Z) durchleuchtet bestimmte Dyadenbeziehungen, während der Selbstbeurteilungsbogen (FB-S), der hier eingesetzt wurde, die Funktion des Einzelnen innerhalb der Familie untersucht. Er umfasst 28 Items (zu beantworten auf einer vierstufigen Likert-Skala von 0=stimmt genau bis 3=stimmt überhaupt nicht), wobei sich aus jeweils vier Items die insgesamt sieben Skalen abbilden. Aus der Summe der Itemscores ergeben sich die Rohwerte der jeweiligen Skalen, die zur anschließenden Interpretation in T-normierte Werte transformiert werden, um einen Vergleich mit der Referenzstichprobe zu ermöglichen (definierte Werte MW=50; SD=10; vgl. Cierpka/Frevert 1994: 45). Die Autoren legten einen kritischen Wert von 60 fest; die T-Werte unauffälliger Familien bewegen sich zwischen 40 und 60, T-Werte>60 weisen Schwächen in den jeweiligen Skalen aus (vgl. ebd. S. 46f). Dementsprechend gilt: „je höher der Wert einer Skala über 60 hinausgeht, umso größer ist die Wahrscheinlichkeit einer Dysfunktionalität in diesem Bereich" (ebd.: 49). Aus den T-Werten der einzelnen Skalen (unter Berücksichtigung des kritischen Wertes) lässt sich ein graphisches Profil erstellen, das die Stärken und Schwächen der verschiedenen Dimensionen des Prozessmodells ausweist (vgl. ebd. S. 46). Durch Addition aller Skalenwerte ergibt sich ein Summenwert, der ein Gesamtprofil widerspiegelt. Es ist jedoch zu beachten, dass über die Art und Weise und die Richtung sowie die Ursache der bestehenden Dysfunktionalität zunächst keine Aussage gemacht werden kann. Hierzu bedürfe es einer Einzelitemanalyse. Darüber hinaus ist hinsichtlich des Koeffizienten der internen Konsistenz (Cronbachs α) zur Reliabilitätsmessung anzumerken, dass die Reliabilität für die Skalen „Affektive Beziehungsaufnahme“, „Kontrolle“ und „Aufgabenerfüllung“ mit einem Cronbachs $\alpha<.50$ als unbefriedigend zu bezeichnen und die Interpretation für diese Skalen nur vorsichtig zu formulieren ist (vgl. Stieglitz 1999). Dennoch wird das Messinstrument auch aufgrund seiner Einzigartigkeit im deutschen Sprachraum für die Erfassung familialer Interaktion in vielen Untersuchungen eingesetzt (vgl. Hirschhäuser et al. 2012: 49). Die Bearbeitungsdauer der FB-S wird auf maximal 10 Minuten geschätzt (vgl. ebd.).

5.1.1.4. Medienerziehungsqualität

Die Teilhypothesen 4a und b postulieren einen Einfluss der unabhängigen Variablen auf die Medienerziehungsqualität, zu deren Erfassung ein Messinstrument entwickelt wurde. Die Eltern wurden mit einer kurzen Itembatterie zu ihren Einstellungen hinsichtlich bestimmter medienerzieherischer Aussagen konfrontiert. Die Antwortmodalitäten bewegten sich auf einer vierstufigen Likert-Skala (1=stimmt genau bis 4=stimmt überhaupt nicht). Wie im Kapitel 3.3.1 deutlich wird, ist das Wissen um die Konsumvorlieben der Kinder in Kombination mit einem Grad an Medienkompetenz, um einer adäquaten Medien- und Medieninhaltsbeurteilung Rechnung tragen zu können, ebenso wie die aktive Medienbegleitung von zentraler Bedeutung. Diese Facetten bilden die drei konstruierten Skalen *Medienerzieherische Begleitung*, *Interesse am medialen Konsuminhalt des Kindes* und *Elterliche Medienkompetenz* ab. Da es sich um eine überschaubare Anzahl von Items handelt, erfolgt die Skalenkonstruktion nicht anhand einer Faktorenanalyse, die zur Datenreduktion durch die Konstruktion latenter Variablen eigentlich genutzt wird. Zur Messung der internen Konsistenz der Skalen wird eine Reliabilitätsanalyse durchgeführt, um etwaige Items, die zur Verminderung dieser Konsistenz führen, auszuschließen. Es kann aufgrund der durchweg guten Cronbachs α-Werte von einer hohen Qualität der Itemabbildungen durch die Skalen ausgegangen werden. Nachfolgend werden die Items zu der neuen Skala zusammengefasst und die neuen Variablen kodiert. Da zur Überprüfung der Teilhypothesen 4a und 4b eine logistische Regression durchgeführt werden soll und sich bei der Untersuchung zur 4c eine gehaltvollere Aussage aus Variablen mit zweifacher Merkmalsausprägung zu erhoffen ist, werden diese quasi-metrischen Variablen (Likert-Skala) in einem weiteren Schritt dichotomisiert. Die Tabellen 5-1, 5-2 und 5-3 zeigen die neuen Skalen und ihre Items inklusive relevanter statistischer Kennwerte.

Tabelle 5-1: Medienerzieherische Begleitung (Cronbachs α=.74)

Indikator	Korrigierte Item-Skala-Korrelation (Trennschärfe)	Cronbachs α ohne Item
Ich habe mich über das Thema Medienerziehung informiert, z.B. durch Internetrecherche, Infobroschüren, in Beratungsstellen.	.44	.745
Ich fördere den kompetenten Umgang meines Kindes mit dem Computer, dem Internet oder der Spielkonsole.	.599	.650
Ich versuche meinem Kind die Beschäftigung mit bestimmten Medieninhalten nahezulegen.	.568	.667
Ich versuche, die Computer-, Internet- oder Spielkonsolennutzung meines Kindes so zu begleiten, dass diese altersgerecht ist.	.555	.676

Tabelle 5-2: Interesse am medialen Konsuminhalt des Kindes (Cronbachs α=.72)

Indikator	Korrigierte Item-Skala-Korrelation (Trennschärfe)	Cronbachs α ohne Item
Ich informiere mich regelmäßig über diejenigen Medieninhalte, die mein Kind nutzt.	.575	.625
Mein Kind und ich können über seine Computer-, Internet- oder Spielkonsolennutzung sprechen, ohne dabei in Streit zu geraten.	.435	.706
Ich weiß genau mit welchen Medieninhalten sich mein Kind beschäftigt.	.593	.618
Mein Kind und ich sitzen gelegentlich gemeinsam vor dem Computer und dem Internet.	.463	.698

Tabelle 5-3: Elterliche Medienkompetenz (Cronbachs α=.67)

Indikator	Korrigierte Item-Skala-Korrelation (Trennschärfe)	Cronbachs α ohne Item
Mein Kind kennt sich mit Computer und Internet besser aus als ich	.505	.568
Ich fühle mich im Umgang mit Computer und Internet kompetent.	.512	.565
Ich fühle mich bei der Regulierung der Computer-, Internet- o. Spielkonsolenutzung meines Kindes unsicherer als in anderen Erziehungsbereichen.	.464	.623

Um eine Richtungsgleichheit der Items zu erhalten, wurden das erste und letzte Item der Skala *Elterliche Medienkompetenz* jeweils invers kodiert. Zudem wurden neben diesen drei Dimensionen der Medienerziehung das *Medienerzieherische Vorbild*

(Item: „Im Alltag versuche ich in Bezug auf die Mediennutzung, ein gutes Vorbild zu sein“) sowie die *Selbstverantwortliche Regulierung* (Item: „Mein Kind kann seine Computer-, Internet- und Spielkonsolenutzung selbstverantwortlich regeln“) in die Analysen einbezogen und ebenfalls dichotomisiert.

5.2. Stichprobe

Der Datensatz beinhaltet Angaben von jeweils 1744 Jugendlichen im Alter von 14 bis 17 Jahren und eines Elternteils (aufgrund der Angabe von 21 Familien, das Internet niemals zu nutzen, wurden diese zuvor aus dem Datensatz ausgeschlossen). Einer geringen Rücklaufquote oder einer hohen Anzahl von Missings (fehlende Werte im Datensatz) wie sie bei schriftlichen Befragungen häufig auftreten, wurde hier mit face-to-face-Befragungen, die kaum Ausfälle und Abbrüche zu verzeichnen hatten, entgegengewirkt. Die Daten sind von durchweg hoher Qualität (vgl. Rosenkranz 2012: 114). Tabelle 5-4 zeigt die entsprechenden Verteilungen für die Quoten der Jugendlichen innerhalb der Stichprobe.

Tabelle 5-4: Soziodemographie der Jugendlichen (Quotierung) in der Gesamtstichprobe (vgl. Rosenkranz 2012: 114)

		angestrebt	realisiert
Alter	14jährig	25,0 %	25,0 %
	15jährig	25,0 %	25,0 %
	16jährig	25,0 %	25,0 %
	17jährig	25,0 %	25,0 %
Geschlecht	männlich	50,0 %	50,0 %
	weiblich	50,0 %	50,0 %
Schulform	Hauptschule	21,0 %	20,6 %
	Realschule	23,0 %	24,2 %
	(Fach-)Gymnasium	38,0 %	37,9 %
	Gesamtschule/Stadtteilschule	insges. 18%	13,1 %
	Förderschule		2,6 %
	berufsbildende Schule/ Berufskolleg/Fachoberschule/BVJ		1,2 %
	andere		0,4 %
Nielsen Gebiet	Nielsen 1 (HH, HB, SH, NI)	16,0 %	15,6 %
	Nielsen 2 (NRW)	22,0 %	22,4 %
	Nielsen 3 (HE, RP, SL, BW)	28,0 %	28,5 %
	Nielsen 4 (BY)	20,0 %	19,6 %
	Nielsen 5 (BE)	3,0 %	3,1 %
	Nielsen 6 (MV, BB, ST)	5,0 %	5,2 %
	Nielsen 7 (TH, SN)	6,0 %	5,6 %

		angestrebt	realisiert
Ortsgröße (Einwohner in Tsd.)	<20	44,0 %	43,8 %
	20-<100	29,0 %	29,1 %
	≤100	27,0 %	27,1%
Familienform	alleinerziehend	14,0%	13,8%
	Gemeinsame Erziehung	86,0%	86,2%
Gesamt N (gewichtet)			1.744

Wie in Tabelle 5-4 ersichtlich, liegen die angestrebten Anteile der jeweiligen Quotenmerkmale sehr nah an den Werten, die die Verteilungen innerhalb der Grundgesamtheit wiedergeben und die es zu realisieren galt (vgl. Rosenkranz 2012: 113). Etwaige Stichprobenfehler für diese Merkmale sind somit ausgeschlossen. Sowohl in der EXIF-Studie als auch in der vorliegenden Untersuchung wurden die gewichteten Daten der Stichprobe berücksichtigt. Die entsprechenden Verteilungen der forschungsrelevanten Merkmale (Sozialschichtzugehörigkeit, Familienklimamodell und elterlicher Erwerbsstatus) in der Gesamtstichprobe sind in den deskriptiven Analysen der Ergebnissicherung aufgeführt (Kap. 6.1-6.1.3).

5.3. Operationalisierung

Zum Zweck einer präzisen und konzisen Beantwortung der Forschungshypothesen war es notwendig, beinah alle Variablen, mit denen gearbeitet wurde, zu rekodieren. Bezüglich des Familienklimas ist es weniger von Interesse, ob die T-Werte der Familienbögen um einen Punkt steigen oder sinken. Relevant ist vielmehr, ob der kritische Wert (T=60) über- oder unterschritten wird und das Klima somit als unauffällig oder dysfunktional einzustufen ist. Hierfür war es erforderlich, die metrisch skalierte Variable anhand des kritischen Wertes zu dichotomisieren. Ebenso verhält es sich mit der CIUS; für die Fragestellung ist entscheidend, ob ein Jugendlicher gemäß des Cut-off-Wertes von 28 zu den pathologischen Internetnutzern zu zählen ist oder nicht und weniger, um wie viele Punkte der CIUS-Wert in Abhängigkeit bestimmter Parameter steigt oder fällt. Die Variable wurde entsprechend dichotomisiert; in Vorbereitung auf die durchzuführende logistische Regression war die Umwandlung in eine kategoriale Dummy-Variable (binäre Variable mit den Ausprägungen 0 und 1) nicht erforderlich, da SPSS dies automatisch vornimmt. Die Variable der Sozialschichtzugehörigkeit wurde in zweierlei Formen operiert. Mittels logistischer Regression erfolgt die Vorhersage einer Eintrittswahrscheinlichkeit eines Ereignisses für eine bestimmte Gruppe, hier im Vergleich zu einer Referenzkategorie. Somit wurde für die Hypothesen 1-4 die Variable als fünfstufige Kategorialvariable operiert und stets die entsprechende Risikowahrscheinlichkeit für die Unterschicht (im Vergleich zur Oberschicht) untersucht (näheres zu dieser Analyse in Kapitel 6.2.1-6.2.2). Für die Untersuchung der Hypothesen 5a-c wurde der Herkunftsindex dichotomisiert, da hier die Intention war, eine Richtungstendenz anzugeben und weniger eine Aussage darüber zu treffen, um welche Sozialschicht es sich genau handelt. Relevant ist, aufzuzeigen, inwieweit ein Unterschied in der Nutzungsfrequenz zwischen unteren und oberen Schichten vorliegt. Da es sich bei diesen Hypothesen um die Unterstellung zentraler Mittelwertsunterschiede handelt, muss die Bestimmung einer Referenzkategorie wie oben hier also nicht erfolgen. Einen Unterschied etwa zwischen Unterschicht und unterer Mittelschicht vorzuweisen ist weder sinnvoll, noch ist davon eine gehaltvolle Interpretation zu erwarten. Bei der Regression jedoch war das Operieren mit der fünfstufigen Kategorialvariable, um einen Bezug zu der Referenzkategorie „Oberschicht" herstellen zu können, unabdingbar. Die Dichotomisierung wurde in untere Schichten (Unterschicht und untere Mittelschicht) und obere Schichten (Mittelschicht, obere Mittelschicht und Oberschicht) vorgenommen. Die Hypothesen 5a-c untersuchen den Bezug der drei unabhängigen Variablen auf die Nutzungsfrequenz. Die Jugendlichen wurden hier dazu aufgefordert mittels einer Stringvariable ihre Onlineverweildauer für spezielle Anwendungen (z.B. Spielen, Informieren, Kommunizieren) in Minuten je Wochentag und je Wochenendtag anzugeben. Diese Angaben wurden zu einer Variablen zusammengefasst, die die Onlinenutzungsdauer der drei beliebtesten Internetaktivitäten in Minuten pro Tag ausgibt. Für die vorliegenden Untersuchungen wurde sie in ihrer verhältnisskalierten Eigenschaft belassen.

Das nachstehende Kapitel 6 behandelt die Darstellung und eine erste perspektivische Verortung der Ergebnisse. Eine umfassende Diskussion erfolgt in Kapitel 7.

6. Ergebnisdarstellung

6.1. Deskriptive Analysen

Dieses Kapitel beschäftigt sich mit der Deskription der Stichprobe hinsichtlich der Verteilung der für das Forschungsinteresse relevanten Hauptmerkmale; dem Sozialstatus, dem Familienklima und dem elterlichen Erwerbsstatus. Wie im theoretischen Teil bereits dargelegt, kann man bei Kombination bestimmter Faktoren von einer Verteilungsschieflage ausgehen, die hier untersucht werden soll.

6.1.1. Soziodemographie

Tabelle 6-1 zeigt soziodemographische Aspekte der befragten Elternteile für die Gesamtstichprobe. Auffällig ist, dass ein Großteil (84,5%) Mütter waren. Mit 8,6% sind die wenigsten Familien der Unterschicht angehörig, während die Mittelschicht und die obere Mittelschicht mit jeweils fast 30% die größten Anteile ausmachen. Diese Verteilung des sozioökonomischen Status entspricht nahezu derjenigen, die in der 2. World Vision Studie publiziert wurde, der das Instrument zur Erfassung der Schichtzugehörigkeit entnommen wurde (vgl. Rosenkranz 2012: 115).

Tabelle 6-1: Soziodemographie der Eltern in der Gesamtstichprobe (vgl. Rosenkranz 2012: 115)

Soziodemographie Elternteil		
Geschlecht	männlich	15,5 %
	weiblich	84,5 %
Alter (in Jahren)	MW (SD)	43,6 (5,1)
Sozialstatus	Unterschicht	8,6 %
	untere Mittelschicht	17,5 %
	Mittelschicht	29,6 %
	obere Mittelschicht	28,9 %
	Oberschicht	15,4 %
	Gesamt	100,0 %

6.1.2. Erwerbsstatus

Tabelle 6-2 stellt die Verteilung der einzelnen Erwerbsverhältnisse dar und gibt die Gesamtbeschäftigungsquote wieder. Die Ausprägung „nicht erwerbstätig" der rekodierten Variable, mit der operiert wurde, summiert sich aus den Items „arbeitslos" und „aus sonstigen Gründen nicht erwerbstätig". Alle übrigen Items wurden der Ausprägung „erwerbstätig" subsumiert.[43] Hieraus ergibt sich eine Beschäftigungsquote von 92,8% für die Gesamtstichprobe.[44]

Tabelle 6-2: Verteilung der elterlichen Erwerbstätigkeit in der Gesamtstichprobe

Elterliche Erwerbstätigkeit		
vollzeiterwerbstätig (35 Stunden und mehr)		37,4%
teilzeiterwerbstätig (15 Stunden bis unter 35 Stunden)		35,9%
geringfügig beschäftigt (unter 15 Stunden)		8,7%
arbeitslos		5,4%
in Erziehungsurlaub oder sonstiger Beurlaubung		0,3%
in Ausbildung/Schüler/in/Student/in		0,3%
Hausfrau/Hausmann		10,3%
aus sonstigen Gründen nicht erwerbstätig		1,7%
Erwerbsquote allgemein	Erwerbstätig	92,8%
	Nicht erwerbstätig	7,2%
Gesamt		100%

Abbildung 6-1 setzt die Erwerbsquote mit der Sozialschichtzugehörigkeit in Beziehung. Deutlich mehr als ein Viertel (29,1%) der befragten Elternteile, die der Unterschicht zuzuordnen sind, waren zum Zeitpunkt der Erhebung nicht erwerbstätig. Auch die Eltern der unteren Mittelschicht liegen mit 13,4% noch weit über dem Gesamtdurchschnitt von 7,2%. Die in Kapitel 3.5 aufgezeigte schichtgebundene Beschäftigungsquote wird bestätigt: Mit steigendem sozioökonomischen Status ist ein Anstieg der Beschäftigungsquote zu beobachten; die Sozialschichtzugehörigkeit korreliert mit dem Erwerbsstatus (V=.306[45]; p<.001).

---

43 Auch das Item „Hausfrau/-mann" wurde in die Kategorie „erwerbstätig" integriert, da die Entscheidung hierfür meist aktiv getroffen wird. Es ist zudem davon auszugehen, dass diese Angabe nur von Elternteilen getätigt wird, deren Partner einer Beschäftigung nachgehen.

44 Die bundesdeutsche Arbeitslosenquote für den Erhebungszeitraum 2011 lag bei 7,1% (vgl. Bundesagentur für Arbeit 2013: Arbeitslosigkeit im Zeitverlauf 12/2011). Es ist jedoch die Geschlechterverteilung in der vorliegenden Stichprobe zu beachten (siehe Tabelle 6-1).

45 Der Kontingenzkoeffizient V von Cramer basiert auf dem Phi-Koeffizienten und ist ein Zusammenhangsmaß für die Prozentwertbetrachtung nominalskalierter Merkmale ($0 \leq V \leq 1$) (vgl. Cleff 2008: 92). Cramers V hat den Vorteil, dass sein Wert, anders als der Kontingenzkoeffizient von Pearson, unabhängig von der Variablenausprägung ist. Zudem kann der Pearsons Kontingenzkoeffizient trotz perfektem Zusammenhang niemals den Wert 1 annehmen; dies gilt für Cramers V

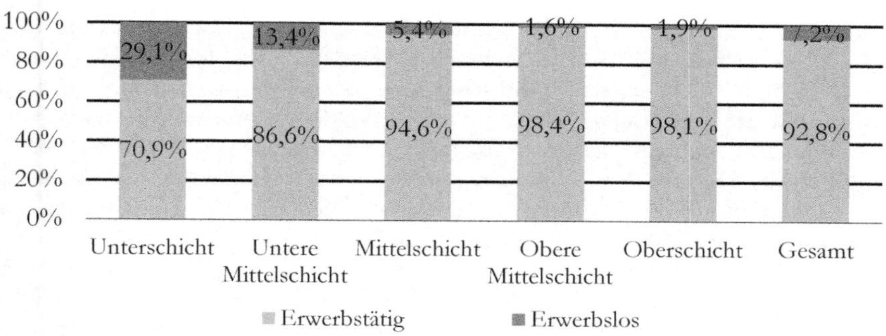

Abbildung 6-1: Schichtgebundene Erwerbsquote in der Gesamtstichprobe

6.1.3. Familienklimaprofile

Die Familienklimaprofile (unauffällig und dysfunktional) wurden, wie oben bereits beschrieben, anhand der T-Summenwerte der Familienbögen entsprechend des von Cierpka und Frevert (1994) festgelegten kritischen Wertes (T=60) dichotomisiert. Abbildung 6-2 zeigt, wie stark die Profile der Elternfragebögen innerhalb der jeweiligen Schichten vertreten sind. Hierbei wird der Zusammenhang, der auch in der Theorie eindringlich eruiert wurde, sichtbar ($V=.29$; $p<.001$).

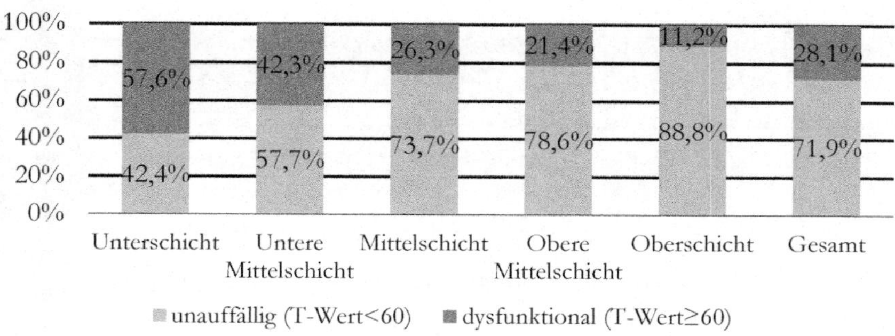

Abbildung 6-2: Schichtgebundene Verteilung der Familienklimamodelle der FB-S der Eltern in der Gesamtstichprobe

nicht. In diesem Fall kann von einem schwachen Zusammenhang gesprochen werden (abgeleitet von Cleff 2008: 92). Da Cramers V jedoch immer positiv ist, kann keine Aussage über die Zusammenhangsrichtung getätigt werden. Diese muss sich, sofern möglich, aus dem Kontext erschlossen werden.

Weit mehr als die Hälfte der Familien der Unterschicht weist aus elterlicher Perspektive ein dysfunktionales Familienklima auf und auch in Familien der unteren Mittelschicht ist im Vergleich zum schichtübergreifenden Durchschnitt deutlich häufiger ein problematisches Klima vorzufinden. Mit steigendem sozioökonomischen Status ist auch eine Verbesserung des Familienklimas zu beobachten. Lediglich 11,2% der Familien der Oberschicht verzeichnen ein dysfunktionales Klima.

Abbildung 6-3 bildet ein ähnliches Muster ab: auch nach Selbstbeurteilung der Jugendlichen korreliert die Sozialschichtzugehörigkeit mit dem Familienklima ($V=.26$; $p<.001$). Die Verteilungen der Familienprofile nach Einschätzung der Jugend weichen jedoch leicht von den elterlichen ab. In unterer Mittelschicht, Mittelschicht und oberer Mittelschicht gibt es nach den Familienbögen der Jugendlichen jeweils weniger Familien mit dysfunktionalem Klima. Dies fällt vor allem in der unteren Mittelschicht auf; gelten nach Familienbögen der Eltern 42,3% der Familien als dysfunktional, sind es bei den Familienbögen der Jugendlichen nur 36,4%. Ebenfalls auffällig ist die Werteabweichung in der Oberschicht: während 88,8% der Eltern unauffällige Werte aufweisen, gilt dies für nur 84% der Kinder. Das Stufenmuster ist jedoch auch bei den Selbstbeurteilungsbögen der Jugendlichen in dem Balkendiagramm deutlich zu erkennen.

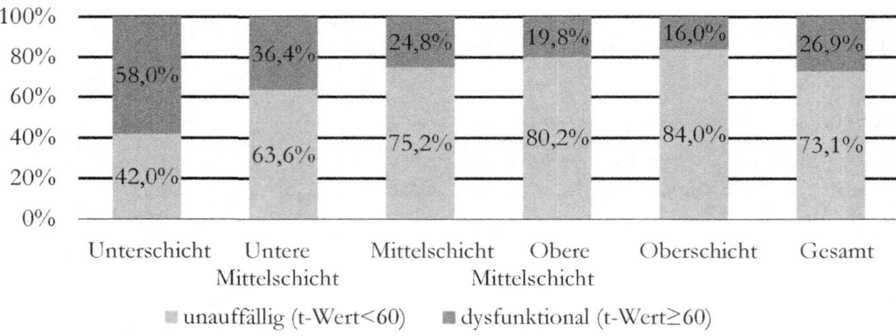

Abbildung 6-3: Schichtgebundene Verteilung der Familienklimamodelle der FB-S der Jugendlichen in der Gesamtstichprobe

Abbildung 6-4 zeigt die Kopplung von Erwerbsstatus und Familienklima (nach Elternfragebögen). Ein leichter Zusammenhang ist bereits deskriptiv ersichtlich. Unter den Familien, deren befragter Elternteil erwerbslos ist, befinden sich deutlich mehr mit dysfunktionalem Klima (50,4%). Dies gilt sowohl im Vergleich zu Familien erwerbstätiger Eltern (26,3%) als auch im Vergleich zur Gesamtpopulation (28,1%). Dennoch besteht statistisch ein nur sehr geringer Zusammenhang

(Φ=.14[46]; p<.001; abgeleitet von Müller/Poguntke 2010: 48), der aber höchstsignifikant ist.

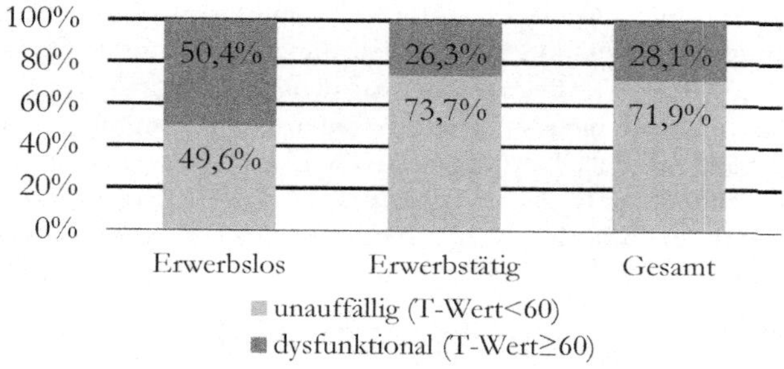

Abbildung 6-4: Verteilung des Erwerbsstatus innerhalb der Familienklimamodelle der FB-S der Eltern in der Gesamtstichprobe

Abbildung 6-5, die die Verteilung der Familienklimaprofile der Jugendlichen innerhalb des Erwerbsstatus ausgibt, zeichnet erneut ein ähnliches Verhältnis ab. Auch hier sind unter den erwerbslosen Eltern mehr Familien dysfunktionalen Klimas vorzufinden (44%) als in der Gesamtpopulation (26,9%) oder bei Familien erwerbstätiger Eltern (25,6%). Jedoch ist auch hier der statistische Zusammenhang sehr gering (Φ=.11; p<.001).

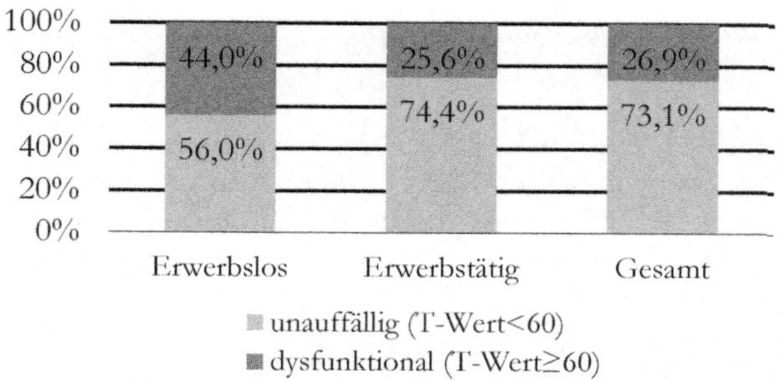

Abbildung 6-5: Verteilung des Erwerbsstatus innerhalb der Familienklimamodelle der FB-S der Jugendlichen in der Gesamtstichprobe

46 Der Kontingenzkoeffizient Φ ist ein Zusammenhangsmaß für die Prozentbetrachtung dichotomer Merkmale. Φ nimmt Werte im Intervall von 0 (keine Korrelation) bis 1 (perfekte Korrelation) an (vgl. Rasch et al. 2006: 145; Müller/Poguntke 2010: 48).

6.2. Hypothesenprüfung

In diesem Abschnitt erfolgt die Ergebnissicherung der durchgeführten inferenzstatistischen Analysen. Für alle angewandten Analyseverfahren gilt: Obgleich alle formulierten Hypothesen gerichtet sind, wird die Prüfung der Signifikanz ausschließlich zweiseitig durchgeführt, da es sich (außer für den Chi-Quadrat-Test der nominalen Kreuztabellen) um eine nicht zu modifizierende Einstellung im verwendeten Statistikprogramm SPSS handelt. Darüber hinaus wird stets auf einem Signifikanzniveau von 5% (Konfidenzintervall 95%) geprüft; gilt also ein Ergebnis als signifikant abgesichert, wird die übliche 5%ige Irrtumswahrscheinlichkeit eingeräumt. Abweichende Ergebnisse (z.B. bei Signifikanz auf 1%igem Niveau) werden entsprechend kommuniziert.[47]

Bevor die Ergebnisse dargestellt, erläutert und diskutiert werden, wird kurz in das entsprechende zur Überprüfung der jeweiligen Hypothese angewandte Verfahren eingeführt. Eine grundlegende Wissensvermittlung der statistischen Begriffe ist nicht Gegenstandsbereich dieser Arbeit, weshalb hierauf verzichtet wird. Viel mehr wird sich auf die Kernintention und die Aussagefähigkeit der angewandten Methoden beschränkt, spezifische Durchführungsvoraussetzungen genannt und somit die Entscheidungsbegründung dargelegt. Die Vorgehensweise ist strukturbezogen; die Ergebnisse zu den Hypothesen werden entsprechend ihrer numerischen Reihenfolge (vgl. Kap. 4.2) behandelt. Insgesamt wurden jeweils drei unabhängige und abhängige Variablen analysiert; die folgenden drei Gliederungspunkte rekurrieren auf die abhängigen Variablen.

6.2.1. Das Risiko einer pathologischen Computer- und Internetnutzung nach CIUS

Die Entscheidung für das jeweilige Verfahren der Hypothesenprüfung wird maßgeblich durch das Skalenniveau der abhängigen Variable bestimmt. In den Zusammenhangshypothesen 1a, 1b und 1c wird postuliert, dass für einen Jugendlichen, für den eine bestimmte Merkmalsausprägung (die Zuordnung zur Unterschicht, ein dysfunktionales Familienklima, elterliche Erwerbslosigkeit) gilt, das Risiko steigt, zu den nach CIUS diagnostizierten pathologischen Internetnutzern zu gehören. Wie bereits erwähnt, wurde die Variable des CIUS-Index anhand des Cut-off-Wertes von 28 dichotomisiert. Bei der abhängigen Variable y handelt es sich somit um eine binäre Variable (d.h. nominalskaliert mit dichotomer Merkmalsausprägung). Gemäß dieser Voraussetzungen wurde eine logistische Regression durchgeführt.

47 Es gelten die üblichen Formulierungen: $p<.05$ entspricht einem signifikanten Ergebnis, $p<.01$ einem hochsignifikanten und $p<.001$ einem höchstsignifikanten Ergebnis.

Mittels Regressionen (sowohl linear als auch logistisch) lässt sich aufgrund der gegebenen Datenreihen ein abhängiges Merkmal y (Kriterium) aus einem unabhängigen Merkmal x (Prädiktor) vorhersagen; eine der erforderlichen Voraussetzungen ist somit die Korrelation zwischen den Variablen x und y. Während die multiple Regression, die zur Klasse der multivariaten Verfahren gehört, die Vorhersage einer Kriteriumsvariablen aus mehreren unabhängigen Variablen x ermöglicht, wird der Einfluss von Störvariablen bei der bivariaten oder einfachen Regression ignoriert und y aus lediglich einem Prädiktor x vorhergesagt (vgl. Rasch et al. 2006: 146f). Anders als die lineare Regression, die von einem linearen Zusammenhang zwischen den zwei Variablen x und y ausgeht, unterstellt die logistische Regression einen kurvilinearen oder exponentiellen Zusammenhang (vgl. ebd.). Man kann also keine Aussage darüber treffen, um welchen Faktor y steigt oder sinkt, wenn x sich um eine Einheit erhöht; für Aussagen solcher Art muss die abhängige Variable in metrischer Skalierung vorliegen. Der Grundgedanke der logistischen Regression ist es vielmehr, mithilfe eines Regressionsansatzes zu bestimmen, mit welcher Wahrscheinlichkeit ein Ereignis (für die (Teil-)hypothesen 1, 2 und 3: die Diagnose eines pathologischen Computer- und Internetgebrauchs) in Abhängigkeit der gewählten Einflussgrößen zu erwarten ist. Das Ereignis (y) wird mittels der binären Dummy-Variable mit den Ausprägungen 0 (das Ereignis tritt nicht ein; hier: unauffällige Internetnutzung) und 1 (Ereigniseintritt; hier: pathologische Internetnutzung) dargestellt. Y kann also nur den genauen Wert 0 oder 1 annehmen. Die Eintrittswahrscheinlichkeiten P des Ereignisses stehen in folgender Beziehung zu einander:

$$P(y=0) + P(y=1) = 1;$$

ebenso gilt: $P(y=0) = 1 - P(y=1)$ (vgl. Backhaus et al. 2011: 250).[48]

Zur Hypothese 1a: Tabelle 6-3 zeigt das Ergebnis des bivariaten Regressionsmodells hinsichtlich der Annahme, Jugendliche, deren Eltern der Unterschicht zuzuordnen sind, hätten ein erhöhtes Risiko zu den pathologischen Computer- und Internetnutzern zu gehören. Wirkungsrichtung und -stärke sind vor allem in dem unstandardisierten Effektkoeffizienten Exp(B) oder auch Odds Ratio ablesbar. Tabelle 6-3 weist für die Unterschicht ein Exp(B) von 14,929 ($p<.001$) aus. Ein Wert von 1 entspräche keiner Veränderung (vgl. Backhaus 2011: 291ff). Dieser Wert von 14,929 besagt, dass sich für ebendiese Jugendlichen (im Vergleich zur Referenzkategorie, hier: der Oberschicht) das Chancenverhätnis zur Gruppe der pathologischen Computer- und Internetnutzer zu gehören (y=1) um diesen Wert verändert.

48 Alle Interpretationen der hier und im Folgenden dargestellten logistischen Regressionen basieren auf der Grundlage von Backhaus 2011: 249ff.

Tabelle 6-3: Bivariates logistisches Regressionsmodell (Sozialschichtzugehörigkeit); Kriterium: CIUS (0=negativ; 1=positiv)

Prädiktoren	RegressionskoeffizientB	Standardfehler	Wald	df	Sig.	Exp(B)
Sozialschicht (Referenzkategorie Oberschicht)						
Unterschicht	2,703	.364	55,054	1	.000	14,929
Untere Mittelschicht	1,764	.354	24,839	1	.000	5,837
Mittelschicht	.969	.355	7,456	1	.006	2,634
Obere Mittelschicht	.978	.355	7,582	1	.006	2,659
Oberschicht			97,400	4	.000	
Konstante	-3,236	.321	101,686	1	.000	.039

Nagelkerkes-R^2=.106; χ^2 (Modell)=99,296; df=4; p<.001

Die Änderungsrichtung wird durch den Regressionskoeffizienten ausgewiesen. Ist er wie in diesem Fall positiv, so steigt die Wahrscheinlichkeit im Chancenverhältnis des unstandardisierten Effektkoeffizienten. Ebendiese Jugendlichen haben im Vergleich zu Jugendlichen der Oberschicht demnach ein beinah 15fach erhöhtes Risiko, zu den pathologischen Internetnutzern zu gehören. Das Ergebnis ist höchstsignifikant. Das Nagelkerke-R^2 aus den Pseudo-R-Quadrat-Statistiken nimmt den Wert .106 an; demnach kann 10,6% der Varianz der Gruppenzugehörigkeit durch den sozioökonomischen Status erklärt werden. Der Modell-Chi-Quadrat-Wert (entnehmbar aus den Omnibus-Tests der Modellkoeffizienten) liegt bei 99,296 und liefert mit 4 Freiheitsgraden eine ebenfalls höchstsignifikante Modellanpassung (p<.001). Beim Chi-Quadrat-Test wird, wie bei anderen Signifikanztests auch, die Nullhypothese getestet. Je größer die Abweichung, desto größer fällt χ^2 aus (vgl. Schäfer 2011: 149). Hier wird bestätigt, dass das Modell mit der einbezogenen erklärenden Variable besser ist als das Nullmodell mit der Konstante. Die Teilhypothese 1a kann somit bestätigt werden; Jugendliche der Unterschicht haben ein erhöhtes Risiko einer pathologischen Computer- und Internetnutzung.[49]

Zur Hypothese 1b und 2[50]*:* Die bivariate logistische Regression zur Überprüfung der Annahme eines erhöhten Risikos pathologischer Nutzung durch ein dysfunktionales Familienklima auf Grundlage der Elternbögen (Referenzkategorie sind Familien mit unauffälligem Klima) ergab ein Odds Ratio von 2,967. Für Jugendliche aus Familien mit dysfunktionalem Klima besteht also ein dreifach erhöhtes Risiko pathologischer Internetnutzung. Die statistische Absicherung über den Wald-Test (die Wald-Statistik ist äquivalent zum t-Test; vgl. Backhaus 2011: 280) ist höchstsignifi-

49 Bei allen Interpretationen wird berücksichtigt, dass die Unterschicht generell stärker von der Oberschicht abweicht als Mittel- oder obere Mittelschicht und ein leichtes Absinken der Odds Ratios hierdurch bereits bedingt wird. Aus diesem Grund wird sich auf die Interpretationen der Werte für die unteren Schichten beschränkt.

50 Alle hier und im Folgenden nicht tabellarisch aufgeführten Modelle der logistischen Regression befinden sich im Anhang (einzusehen auf der Produktseite zu diesem Buch auf www.springer.com).

kant. Für die Familienbögen der Jugendlichen ist das Odds Ratio mit 4,464 (p<.001) im Vergleich leicht erhöht. Die Modellanpassung ist mit einem Chi-Quadrat von 200,784 (df=2) ebenso höchstsignifikant. Gemäß dem Nagelkerken-R^2 lässt sich 20,8% der Varianz durch die beiden Familienbögen (die Selbstbeurteilungsbögen der Jugendlichen und der Eltern) erklären. Die Hypothese 1b kann also bestätigt werden. Nimmt man jedoch eine Moderation, also einen Interaktionseffekt der Prädiktoren aus der H_1a und der H_1b an, zeigen sich erhebliche Modifikationen. So besteht für Jugendliche, die aus Familien der Unterschicht mit dysfunktionalem Klima (der Elternfragebögen) kommen, im Vergleich zu Jugendlichen der Oberschicht mit unauffälligem Klima ein um 16einhalb fach (Exp(B)=16,585; p<.001) erhöhtes Risiko. Auch dieses Modell zeigt höchstsignifikante Anpassungswerte. Die Varianzaufklärung der abhängigen Variable hat sich im Vergleich zu dem Modell der Schichtzugehörigkeit ohne Moderationseffekt verbessert und liegt bei 18,0%. Tabelle 6-4 zeigt die Parameterschätzer für den Moderationseffekt zwischen Sozialschicht und Familienklima nach jugendlicher Beurteilung.

Tabelle 6-4: Logistisches Regressionsmodell: Moderationseffekt Sozialschichtzugehörigkeit und Familienklima (Jugend); Kriterium: CIUS (0=negativ; 1=positiv)

Sozialschicht/ Familienklima	Regressionskoeffi-zientB	Standardfehler	Wald	df	Sig.	Exp(B)
Sozialschicht mit dysfunktionalem Klima (Referenzkategorie Oberschicht mit unauffälligem Klima)						
Unterschicht	2,845	.245	135,009	1	.000	17,199
Untere Mittelschicht	2,134	.233	84,082	1	.000	8,453
Mittelschicht	1,579	.236	44,723	1	.000	4,851
Obere Mittelschicht	1,299	.278	21,830	1	.000	3,666
Oberschicht unauffällig			188,525	4	.000	
Konstante[51]	-2,721	.115	559,649	1	.000	.066

Nagelkerkes-R^2=.201; χ^2 (Modell)=193,545; df=4; p<.001

Die Werte in der Tabelle sind für Familien der jeweiligen Sozialschicht mit dysfunktionalem Familienklima ausgewiesen. Die Referenzkategorie ist erneut die Oberschicht mit unauffälligem Klima. Wie hier ersichtlich wird, besteht im Vergleich zu dem Modell des ersten Moderationseffektes mit den elterlichen Familienbögen ein leicht höheres Odds Ratio sowie eine bessere Varianzaufklärung (Exp(B)=17,199; p<.001; Nagelkerkes-R^2=.201). Auffallend bei beiden Modellen ist, dass die Werte in allen Schichten höchstsignifikant sind. Somit erhöht ein dysfunktionales Famili-

51 Die Konstante weist den Schnittpunkt mit der Y-Achse aus und wird von SPSS automatisch geschätzt. Sie gibt die Wahrscheinlichkeit einer Gruppenzugehörigkeit an, die sich ergäbe, wenn alle im Modell berücksichtigten Kovariaten einen unstandardisierten Effektkoeffizienten von 0 hätten.

enklima in allen sozialen Schichten das Risiko einer pathologischen Internetnutzung, das jedoch erneut mit steigender Schichtzugehörigkeit sinkt. Jugendliche aus der oberen Mittelschicht, deren Familie ein problematisches Klima aufweist, haben „nur noch" ein 3,6fach erhöhtes Risiko (da die Odds Ratios für alle Schichten statistisch höchstsignifikant abgesichert werden können und somit auf gleichem Niveau liegen, ist ein Vergleich der Werte miteinander an dieser Stelle zulässig). Dieser Befund lässt darauf schließen, dass aufgrund der vorhandenen Ressourcen (wie etwa Bildung), auf die mit steigender Schichtzugehörigkeit vermehrt zurückgegriffen werden kann, Defizite des Familienklimas und dessen Risikobehaftung bezüglich pathologischen Medienkonsums kompensiert werden können. Das Ergebnis rückt die Diskussion um die Ableitung pädagogischer Konsequenzen in ein anderes Licht und wird in der weiteren Ausführung stärkere Berücksichtigung erfahren.

Zur Hypothese 1c und 2: Unter der H_1c hinsichtlich des elterlichen Erwerbsstatus zeigte sich für Jugendliche erwerbsloser Eltern im Vergleich zu Jugendlichen, deren Eltern einer Beschäftigung nachgingen, zwar eine höchstsignifikante Modellanpassung und ein Odds Ratio von 3,349 ($p<.001$), jedoch bestand eine sehr geringe Varianzaufklärung von nur 3,0%. Dennoch kann die H_0 verworfen und die H_1c bestätigt werden; jugendliche Kinder erwerbsloser Eltern haben ein erhöhtes Risiko zu den pathologischen Internetnutzern zu gehören. Erneut ergeben sich erhebliche Divergenzen für den Moderationseffekt bei Kombination des elterlichen Erwerbsstatus mit der Sozialschichtzugehörigkeit. Diese Operation verfährt nach demselben Prinzip wie oben: die Internetnutzung jugendlicher Kinder erwerbsloser Eltern der jeweiligen Sozialschicht wird in Beziehung zu der von Kindern erwerbstätiger Eltern der Oberschicht gesetzt, die die Bezugsnorm bilden. Danach haben jugendliche Kinder erwerbsloser Eltern der Unterschicht ein fast 7einhalbfach ($Exp(B)=7{,}427$; $p<.001$) erhöhtes Risiko einer pathologischen Computer- und Internetnutzung nach CIUS. Für elterliche Erwerbslosigkeit der unteren Mittelschicht halbiert sich dieser Faktor ($Exp(B)=3{,}566$; $p<.001$). Wie auch bei der vorangehenden Hypothesenprüfung besteht eine gute Modellanpassung ($Chi^2=45{,}446$; $df=4$; $p<.001$), jedoch eine sehr geringe Varianzaufklärung durch den generierten Prädiktor von nur 4,9%. Die Odds Ratios für die Mittelschicht und obere Mittelschicht können nicht durch statistische Signifikanz abgesichert werden ($p>.05$). Der Effekt der elterlichen Erwerbslosigkeit auf den kindlichen Medienkonsum ist demnach nur für untere Schichten signifikant. Der vorliegende Effekt untermauert und bestätigt klar die in der Theorie (vgl. Kap. 3.1 und 3.5) instruierten Verhältnisse. Auch die Berücksichtigung der schichtgebundenen Beschäftigungsquote (vgl. Kap. 6.1.2) und der dadurch bedingten geringeren Fallzahlen für die oberen Schichten bei Kombination der zwei Prädiktoren schmälern dieses Ergebnis nicht. Die H_2 wird bestätigt.

Zur Hypothese 3: Im theoretischen Teil wurde ausführlich erörtert, wie stark die erklärenden Variablen miteinander verstrickt sind und ihre Korrelationen in den deskriptiven Statistiken nachgewiesen. Unter der H_3 wird nun untersucht, ob und inwiefern die gleichzeitige Betrachtung der erklärenden Variablen die bivariaten Zusammenhänge modifizieren. Tabelle 6-5 führt die Parameterschätzer des hierfür angewandten multivariaten logistischen Regressionsmodells, das sehr gute Anpassungswerte zeigt (Chi^2=238,004; p<.001). Zudem hat dieses Modell im Vergleich zum bivariaten, das unter der H_1a vorgestellt wurde, mit 24,4% eine um 14 Prozentpunkte verbesserte Varianzaufklärung. Wie bei dem bivariaten Modell ist auch hier der Einfluss des Familienklimas nach Beurteilung der Jugendlichen höher als aus elterlicher Sicht. Die Odds Ratios haben sich nur minimal reduziert. Für beide Klimaprofile (sowohl für die Beurteilung der Eltern als auch der Jugendlichen) sinkt der Wert im Vergleich zum bivariaten Modell um etwa 0,5 Punkte. Der Einfluss des elterlichen Erwerbsstatus halbiert sich von einem 3,349fach erhöhten Risiko auf ein 1,65faches und ist unter allen erklärenden Variablen am geringsten. Im bivariaten Modell hatten Jugendliche der Unterschicht ein um knapp 15fach erhöhtes Risiko, zu den pathologischen Internetnutzern zu gehören. In diesem Modell, das auch die anderen beiden Prädiktoren einschließt, drittelt sich dieser Einfluss fast und sinkt auf ein Odds Ratio von 5,251. Dieser Verhältniswert ist am höchsten; demnach hat die Sozialschichtzugehörigkeit von allen drei Prädiktoren den stärksten Einfluss auf eine pathologische Internetnutzung.

Tabelle 6-5: Multivariates logistisches Regressionsmodell; Kriterium: CIUS (0=negativ; 1=positiv)

Prädiktoren	RegressionskoeffizientB	Standardfehler	Wald	df	Sig.	Exp(B)
Sozialschicht (Referenzkategorie Oberschicht)						
Unterschicht	1,658	.391	17,957	1	.000	5,251
Untere Mittelschicht	1,127	.370	9,268	1	.002	3,087
Mittelschicht	.637	.365	3,053	1	.081	1,892
Obere Mittelschicht	.829	.364	5,192	1	.023	2,291
Oberschicht			24,781	4	.000	
Familienklima (Referenzkategorie unauffällig)						
Eltern	.871	.176	24,498	1	.000	2,389
Jugendliche	1,361	.175	60,228	1	.000	3,899
Erwerbsstatus (Referenzkategorie erwerbstätig)						
Erwerbslos	.506	.254	3,959	1	.047	1,659
Konstante	-3,796	.335	128,485	1	.000	.022

Nagelkerkes-R^2=.244; χ^2 (Modell)=238,004; df=7; p<.001

Der positive Zusammenhang zwischen Sozialstatus und pathologischer Internetnutzung verringert sich also bei statistischer Kontrolle der beiden zusätzlichen Prädiktoren. Diese Verringerung der Verhältniswerte ist durch die Korrelation der Prädiktoren miteinander (vgl. Kap. 6.1.2-6.1.3) zu erklären. Das erhöhte Risiko einer pathologischen Internetnutzung für Jugendliche, die der Unterschicht zuzuordnen sind, kann demnach partiell durch eine in dieser Schicht erhöhte Erwerbslosigkeit der Eltern und ein vermehrt dysfunktionales Familienklima erklärt werden. Die H_3 kann bestätigt werden.

Bei der Interpretation ist jedoch zu beachten, dass bei größerer Fallzahl mathematisch bedingt niedrigere Exp(B)-Werte ausgegeben werden. Kombiniert man in einem multivariaten Regressionsmodell mehrere Prädiktoren miteinander, so ergeben sich auch höhere Fallzahlen und die Verhältniswerte sinken. Ebenso gilt der Umkehrschluss für die oben aufgeführten Moderationseffekte. Dies mindert keinesfalls die Aussagekraft der Befunde oder die Qualität der Untersuchung; die Ergebnisse sind statistisch korrekt. Der Umstand sollte jedoch berücksichtigt werden und rechtfertigt die moderaten Interpretationsformulierungen.

6.2.2. Zusammenhänge mit der elterlichen Medienerziehung

Diese Ergebnisse hinsichtlich des Einflusses auf die Eintrittswahrscheinlichkeit einer pathologischen Internetnutzung werfen die Frage auf, welches spezifische, gemeinsame Charakteristikum u.a. für diesen starken Zusammenhang verantwortlich ist. Entsprechend des Fokus der vorliegenden Arbeit untersuchen die nun folgenden Teilhypothesen 4a und b, inwieweit medienerzieherische Qualität hierbei eine Rolle spielt. Wie bereits in Kapitel 5.1.1.4 beschrieben, wurden die Variablen des entwickelten Messinstrumentes zur Medienerziehungsqualität dichotomisiert (die Ausprägungen sind bspw. für die Skala *Medienerzieherische Begleitung*: *aktive Begleitung* und *keine aktive Begleitung*), da es gehaltvoller erscheint, zwischen wünschenswerter und weniger wünschenswerter Medienerziehung zu unterscheiden, als die vierstufige Likert-Skala zu übernehmen.

Zur Hypothese 4a: Die Hypothese 4a überprüft die in der Theorie aufgezeigten schichtspezifischen Diskrepanzen medienerzieherischen Handelns und unterstellt dementsprechend eine verminderte Qualität bei Eltern mit niedrigerem sozioökonomischen Status. Auch hier wurde eine logistische Regression durchgeführt (es wird ein Zusammenhang bei binärer abhängiger Variable postuliert). Die Referenzkategorie stellt wie oben die Oberschicht.

Für die Skala der *Medienerzieherischen Begleitung* zeigt sich ein eindeutiges Ergebnis: Eltern aus der Unterschicht praktizieren mit einer 28,8fach erhöhten Wahrscheinlichkeit keine aktive Medienbegleitung ($p<.001$); in der unteren Mittelschicht besteht eine 6,6fach erhöhte Wahrscheinlichkeit ($p<.001$) (für die Mittelschicht sowie für die obere Mittelschicht beträgt das Odds Ratio 2,6; $p<.05$). Die Exp(B)-Werte sind für alle Schichten statistisch signifikant bis höchstsignifikant. Die Modellanpassung ist mit $\chi^2=73{,}225$ bei df=4 ebenfalls höchstsignifikant und weist eine Varianzaufklärung von 20,1% durch den Prädiktor aus, was für ein bivariates Modell ein guter Wert ist. Ähnliches zeigt die Modellanpassung der Regression zum *Interesse am medialen Konsuminhalt des Kindes*; χ^2=70,272 und ist bei vier Freiheitsgraden höchstsignifikant. Eltern der Unterschicht wissen mit 17fach erhöhter Wahrscheinlichkeit nicht, was ihr jugendliches Kind am Computer konsumiert und haben auch kein Interesse daran ($p<.001$). Die Varianz wird zu 20,4% durch die Schichtzugehörigkeit aufgeklärt. Sehr interessant ist der Befund zur *selbstverantwortlichen Regulierung* (Angabe darüber, ob das Kind seinen Computer-, Internet, und Spielkonsolekonsum selbstverantwortlich regeln könne). Wie in den Kapiteln zur Medienerziehung und der Eltern-Kind-Beziehung in der Adoleszenz deutlich wurde, ist die Aushandlung zwischen Autonomie und Kontrolle, die Gratwanderung und die Balance zwischen diesen beiden Pfeilern charakteristisch für diese Lebensphase und stellt eine zentrale Familienentwicklungsaufgabe dar. Auf Grund der im theoretischen Teil dargelegten Verhältnisse ist nicht auszuschließen, dass gerade Familien aus unteren Schichten Probleme beim Übergang in diese Phase des Familienzyklus haben. Bezüglich pathologischer Internetnutzung zeigte EXIF bei der Gruppe mit dreifacher Problemdefinition genau in diesem Aushandlungsprozess signifikante Defizite auf (vgl. Hirschhäuser et al. 2012: 161). Bei diesen Vorannahmen ist es zunächst verwunderlich, dass das Odds Ratio der Unterschicht für die *selbstverantwortliche Regulierung* des eigenen Konsums durch den Jugendlichen nicht signifikant ist (p=.700). Die Variable lässt jedoch keinen Rückschluss auf den dahinterstehenden Beweggrund zu. Möglicherweise ist dieser Umstand in Kombination mit dem verminderten Interesse am medialen Konsuminhalt des Kindes zu verstehen. Es ist zu unterscheiden, ob Eltern mit Bedacht auf die für die Jugendphase spezifische vermehrte Autonomiegewährung den Konsum weniger kontrollieren und somit dem Kind mehr Entscheidungsfreiheit einräumen wollen oder ob das Kind aufgrund elterlichen Desinteresses an Konsum und Intensität mit der Regulierung allein gelassen wird. Vor diesem Hintergrund könnte man dieses Ergebnis auch als Untermauerung der Annahmen und der Theorie begreifen. Hinsichtlich des *medienerzieherischen Vorbildes* der Eltern ergab sich erneut ein Ergebnis wie es in Anlehnung an die Theorie zu erwarten war. Die Wahrscheinlichkeit eines mangelnden *medienerzieherischen Vorbildes* bei Eltern der Unterschicht ist im Vergleich zu Eltern aus der Oberschicht um das 8,3fache erhöht (Exp(B)=8,347; $p<.001$; gute Modellanpassung: χ^2=89,484, df=4, $p<.001$). Jedoch beträgt die Varianzaufklärung lediglich 9,6%. Die Daten lassen indes keine Aussage darüber zu, was die Eltern unter einem Vorbild verstehen und/oder ob sie gar über das nötige Wissen verfügen, dies entsprechend beurteilen und einzuschätzen zu können (dies wird in Kapitel 7.3 präziser diskutiert). Bei diesen Ergebnissen drängt sich in Anlehnung an die in der Theorie dargestellte Sachlage die Frage auf, inwieweit die *elterliche Medienkompetenz* eine Rolle spielt. Interessanterweise ist das Odds Ratio der Unterschicht recht moderat. Im Vergleich zu Eltern aus der Oberschicht haben Eltern der Unterschicht eine um fast dreieinhalbfach erhöhte Wahrscheinlichkeit einer geringeren Kompetenz im Umgang mit Computer und Internet (Exp(B)=3,439; $p<.001$). Im ersten Moment verwundert dieses Ergebnis unter Rückbezug auf die vorherigen Befunde hinsichtlich der Medienerziehung, hat doch die Theorie plausibel erläutert, dass eine unzureichende Medienerziehung nicht zuletzt auf eine verminderte Medienkompetenz zurückzuführen ist. Wirft man jedoch einen Blick in die Skalenkonstruktion (Kap. 5.1.1.4), wird deutlich, dass die Angaben zu der Medienkompetenz sich ausschließlich auf die eigene Einschätzung beziehen. In diesem Fall besteht also die Möglichkeit, dass die befragten Elternteile ihre Fähigkeit mit dem Computer umzugehen nicht korrekt eingeschätzt oder ihre Angaben möglicherweise geschönt haben (eine Diskussion dieses Befundes erfolgt in Kapitel 7.3). Darüber hinaus beträgt das Nagelkerke-R^2 lediglich .056 (Modellanpassung jedoch höchstsignifikant). Die Hypothese 4a kann dennoch größtenteils bestätigt werden.

Zur Hypothese 4b: An dieser Stelle wirft sich die Frage auf, ob die Varianzaufklärung der jeweiligen Kriterien durch Hinzunahme weiterer unabhängiger Variablen erhöht werden kann. Zur Überprüfung der Hypothese 4b wird ähnlich vorgegangen wie unter der H_3. Es wird angenommen, dass unter statistischer Kontrolle des Familienklimas bei Verbesserung der Varianzaufklärung der Zusammenhang zwischen sozioökonomischem Status und der Medienerziehungsqualität sinkt. Es ist nicht anzunehmen, dass der Erwerbsstatus an sich (ohne weitere Differenzierung) einen nennenswerten Einfluss auf die Erziehung hat und auch in der Theorie wurde vermehrt auf die (medien-)erzieherischen Diskrepanzen zwischen den Schichten und den Familienklimamodellen eingegangen. Aus diesem Grund wird hier auf das Hinzuziehen des Erwerbsstatus als erklärende Variable verzichtet (diese Entscheidung wird in Kapitel 7.3 noch einmal aufgegriffen, begründet und diskutiert). Das Kriterium der selbstverantwortlichen Regulierung wird aufgrund des nichtsignifikanten Ergebnisses aus dem bivariaten Regressionsmodell ebenfalls ausgeschlossen.

Das multivariate Regressionsmodell zur *medienerzieherischen Begleitung* bestätigt für die zwei erklärenden Variablen eine höchstsignifikante Modellanpassung (χ^2=79,987; df=7; p<.001) jedoch eine um nur 1,7 Prozentpunkte verbesserte Varianzaufklärung (Nagelkerkes-R^2=.218). Die Wahrscheinlichkeit einer mangelhaften Medienbegleitung für Eltern der Unterschicht im Vergleich zur Oberschicht sinkt unter statistischer Kontrolle des Familienklimas von einem Exp(B)=28,880 aus dem bivariaten Modell auf Exp(B)=21,830 (p<.001). Jedoch sind ausschließlich die Werte für die Sozialschicht signifikant. Weder die Familienklimamodelle der Eltern, noch die der Jugendlichen weisen auf einem 5%igen Niveau Signifikanz aus. Aufgrund dieses Modells müsste man also davon ausgehen, dass eine aktive Medienbegleitung vom Familienklima unbeeinflusst bleibt. Dieser Schluss ist jedoch nicht zwingend korrekt, da es sich nicht um ein bivariates Modell, das nur den Einfluss des Familienklimas untersuchen würde, sondern um ein multivariates Modell handelt, das das Kriterium anhand mehrerer Prädiktoren vorhersagt. Anhand dieses multivariaten Modells wird vielmehr deutlich, dass der Zusammenhang des sozioökonomischen Status und der *medienerzieherischen Begleitung* nicht durch das vermehrt dysfunktionale Klima in unteren Schichten zu erklären ist (Kapitel 7.3 diskutiert diesen Befund unter Berücksichtigung der Einzelitems). Das multivariate Modell zum *elterlichen Interesse am medialen Konsuminhalt des Kindes* liefert mit insgesamt 34,1% eine deutliche Verbesserung der Varianzaufklärung von 13,7 Prozentpunkten und eine höchstsignifikante Modellanpassung (χ^2=123,919; df=6; p<.001). Der Exp(B) für Eltern der Unterschicht sinkt von 17,042 aus dem bivariaten Modell auf 7,610 (p<.001). Auch für die untere Mittelschicht (Exp(B)=2,8) sowie für beide Familienklimamodelle (Eltern: 2,958; Jugendliche: 3,308) fallen die Werte höchstsignifikant aus. Somit ist der Zusammenhang aus dem bivariaten Modell partiell durch ein vermehrt dysfunktionales Familienklima in der Unterschicht zu erklären. Die Sozialschichtzugehörigkeit hat jedoch einen gravierenderen Einfluss als das Familienklima. Das multivariate Regressionsmodell zum *medienerzieherischen Vorbild* im Alltag zeigt mit 13,9%iger Varianzaufklärung eine Verbesserung um 4,3 Prozentpunkte bei guter Modellanpassung (χ^2=130,845; df=6; p<.001). Das Odds Ratio für Eltern der Unterschicht sinkt von 8,347 im bivariaten Modell auf 4,937 (p<.001). Während das Chancenverhältnis des Klimamodells nach elterlicher Beurteilung höchstsignifikant ist (Exp(B)=2,533), besteht für das Klimamodell der jugendlichen Fragebögen keine Signifikanz. Für eine inhaltliche Aussage zur Klärung dieses Unterschiedes zwischen den beiden Klimamodellen wäre eine Itemanalyse im Einzelfall interessant, um zu ermitteln, innerhalb welcher Dimensionen sich die gravierendsten Defizite zeigen. Das Modell zeigt, dass auch hinsichtlich der Bemühung um ein gutes Vorbild die Sozialschichtzugehörigkeit den stärkeren Einfluss hat, der Zusammenhang jedoch auch hier aufgrund der Korrelation mit dem Familienklima partiell erklärt werden kann. Das multivariate Modell für die *elterliche Medienkompetenz* zeigt ebenfalls eine gute Modellanpassung (p<.001). Das Chancenverhältnis der Eltern der Unterschicht sinkt unter statistischer Kontrolle des Familienklimas von Exp(B)=3,439 (bivariat) auf 2,166 und bleibt signifikant (p<.05). Betrachtet man das elterliche Klimamodell, so verdoppelt sich für Eltern, deren Familie ein dysfunktionales Klima aufweist, die Wahrscheinlichkeit einer mangelhaften Medienkompetenz (p=.001). Erneut kann jedoch das Chancenverhältnis des Klimamodells nach jugendlicher Befragung nicht durch statistische Signifikanz abgesichert werden. Auffällig ist, dass die Werte für das Familienklima bei der Hälfte der multivariaten Modelle zu den Dimensionen der Medienerziehung (nicht aber bei den Modellen der H_1 und H_3) allein für die Elternfragebögen statistisch signifikant sind. Dies ist möglicherweise durch eine inkongruente Wahrnehmung der jeweiligen Verhältnisse innerhalb der Familie zu erklären. Hierbei könnte von Relevanz sein, dass die Skalen der Medienerziehungsqualität auf elterliche Einschätzungen rekurrieren. Möglicherweise misslingt gerade den Eltern, die Schwächen in der eigenen Familie für sich wahrnehmen, der Versuch einer adäquaten Medienerziehung. Die in der Hypothese unterstellten Veränderungen bezüglich des Zusammenhangs der Sozialschichtzugehörigkeit und der medienerzieherischen Qualität unter Berücksichtigung des Familienklimas wurden für das *elterliche Interesse am medialen Konsuminhalt des Kindes*, das Bemühen eines guten *Vorbildes* hinsichtlich der alltäglichen Mediennutzung und die *Medienkompetenz* bewiesen. H_4b wird somit größtenteils bestätigt.

Zur Hypothese 4c: Die H_4c verknüpft nun die bisher diskutierten Ergebnisse miteinander. Wenn der sozioökonomische Status mit pathologischer Internetnutzung und mit verminderter medienerzieherischer Qualität in Verbindung zu bringen ist, wie stehen dann die Medienerziehungsqualität und CIUS in Beziehung zu einander? Aufgrund der Herleitung ist anzunehmen, dass diese beiden Faktoren miteinander korrelieren. Die Kreuztabellen 6-6 bis 6-10 zeigen die Beziehungen der medienerzieherischen Dimensionen zum dichotomisierten CIUS-Wert. Die statistische Signifikanz der Korrelation wird durch den nonparametrischen Chi-Quadrat-Test abgesichert, der aufgrund der nominalskalierten Variablen gewählt wurde. Er prüft die Nullhypothese, also eine Unabhängigkeit der Variablenverteilungen. Fällt er signifikant aus, besagt das für die Kontingenztafeln, dass die Verteilung der einen Variable nicht unabhängig von der Verteilung der anderen ist. Die Angabe einer Wirkungsrichtung wird von diesem Test nicht geleistet, kann aber ggf. aus dem Inhalt erschlossen werden (vgl. Schäfer 2011: 149ff). In diesem Fall wurde keine Richtung festgelegt; die jeweils angegebene Signifikanz geht somit aus einer zweiseitigen Testung hervor.

Tabelle 6-6 verzeichnet eine klare und höchstsignifikante Korrelation zwischen der *medienerzieherischen Begleitung* durch die Eltern und pathologischer Computernutzung ihrer Kinder. Während die Aufteilung von aktiver und nicht aktiver Begleitung innerhalb der CIUS-positiven fast 1:1 beträgt, geben Dreiviertel der Eltern, deren Kinder keine pathologische Internetnutzung aufweisen, an, ihr Kind aktiv zu begleiten.

Tabelle 6-6: Medienerzieherische Begleitung und pathologische Internetnutzung

	CIUS negativ	CIUS positiv
Aktive Begleitung	74,9%	48,6%
Keine aktive Begleitung	25,1%	51,4%
Gesamt	100%	100%

χ^2 nach Pearson=20,793; df=1; p<.001 (zweiseitig)

Eine deutliche Verteilungsabhängigkeit ist auch in Tabelle 6-7 bereits deskriptiv zu erkennen. Während 81,5% der Eltern der unauffälligen Internetnutzer *Interesse am medialen Konsuminhalt ihres Kindes* bekunden, sind dies unter den Eltern der CIUS-positiven Jugendlichen lediglich 53,4%. Der χ^2 zeigt eine eindeutige, höchstsignifikante Korrelation innerhalb der Kontingenztafel.

Tabelle 6-7: Interesse am medialen Konsuminhalt des Kindes und pathologische Internetnutzung

	CIUS negativ	CIUS positiv
Interesse	81,5%	53,4%
Kein Interesse	18,5%	46,6%
Gesamt	100%	100%

χ^2 nach Pearson=23,525; df=1; p<.001 (zweiseitig)

Überraschend ist das Ergebnis der Kreuztabelle 6-8, die die Verteilung der *selbstverantwortlichen Regulierung* der Computer-, Internet- und Spielkonsolenutzung der Jugendlichen mit der CIUS in Beziehung setzt. Das Ergebnis ist nicht signifikant. Die Tatsache, ob ein Jugendlicher seine Gerätenutzung selbst bestimmt, steht also nicht in Zusammenhang mit pathologischer Internetnutzung. Auch in der Gruppe der CIUS positiven kann die überwiegende Mehrheit der Jugendlichen (78,6%) ihren Computer- und Internetkonsum selbstverantwortlich regulieren. Möglicherweise ist dieses Item wie oben bereits vermutet mit dem elterlichen Monitoring im Sinne adoleszenztypischer Autonomiegewährung jedoch nicht unbedingt gleichzusetzen und bedürfe zur Erfassung dessen genauerer Differenzierung.

Tabelle 6-8: Selbstverantwortliche Regulierung und pathologische Internetnutzung

	CIUS negativ	CIUS positiv
selbstverantwortliche Regulierung	79,5%	78,6%
Eher keine selbstverantwortliche Regulierung	20,5%	21,4%
Gesamt	100%	100%

χ^2 nach Pearson=.089; df=1; p>.05

Aus Tabelle 6-9 wird deutlich, dass auch die Korrelation des *medienerzieherischen Vorbildes* mit pathologischer Computer- und Internetnutzung höchstsignifikant ist. Dennoch ist ersichtlich, dass sich generell bemüht wird, ein gutes Vorbild zu sein. Mehr als Dreiviertel der Eltern der CIUS-positiven Jugendlichen versuchen, im Alltag in Bezug auf die Mediennutzung ein gutes Vorbild zu sein.

Tabelle 6-9: Medienerzieherisches Vorbild und pathologische Internetnutzung

	CIUS negativ	CIUS positiv
Vorbild	89,3%	79,1%
Eher kein Vorbild	10,7%	20,9%
Gesamt	100%	100%

χ^2 nach Pearson=18,869; df=1; p<.001 (zweiseitig)

Die Kreuztabelle 6-10 gibt die Werteverteilung für die *elterliche Medienkompetenz* wieder. Hier ist auffällig, dass Eltern sich generell weniger kompetent im Umgang mit Computer und Internet fühlen; mit 47,1% betrifft dies beinah die Hälfte der Eltern der unauffälligen Internetnutzer. Die Verteilungsabhängigkeit der beiden Variablen wird jedoch bereits deskriptiv ersichtlich. In der Gruppe der CIUS-positiven schätzten sich weitaus mehr Eltern weniger kompetent ein (62,4%). Der Chi-Quadrat-Test bestätigt eine hochsignifikante Korrelation der beiden Merkmale.

Tabelle 6-10: Elterliche Medienkompetenz und pathologische Internetnutzung

	CIUS negativ	CIUS positiv
Kompetent	52,9%	37,6%
Weniger kompetent	47,1%	62,4%
Gesamt	100%	100%

χ^2 nach Pearson =7,510; df=1; p<.01 (zweiseitig)

Die H_4c wurde größtenteils bestätigt. Somit könnte der positive Zusammenhang zwischen dem sozioökonomischen Status der Eltern und einer pathologischen Internetnutzung wie er aus der Hypothese 1a hervorging, unter anderem auf eine mangelhafte Medienerziehung zurückzuführen sein. Eine differenziertere Diskussion und Ergebniseinordnung in Beziehung zu den H_1 erfolgt in der Zusammenfassung und Diskussion.

6.2.3. Unterschiede in der Internetnutzungsfrequenz der Jugendlichen

Wie bereits erwähnt, ist die Wahl des Signifikanztests maßgeblich durch das Skalenniveau der abhängigen Variable bestimmt. Die Nutzungsfrequenz, die von den Jugendlichen mittels einer Stringvariable erhoben wurde, vereint den Zeitaufwand für die drei häufigsten Internettätigkeiten. Ihre Summe ist in Minuten pro Tag angegeben. Es handelt sich hierbei um eine verhältnisskalierte, also metrische Variable. Des Weiteren ist der Unterschied der Populationsmittelwerte zwischen zwei Gruppen von Interesse. Daher ist die Durchführung eines t-Tests erforderlich. Der t-Test ist nicht zuletzt auch aufgrund seiner robusten Beschaffenheit ein häufig verwendetes Verfahren. Er ist gegen Voraussetzungsverletzungen sehr unempfindlich und liefert demnach gute Ergebnisse (vgl. Schäfer 2011: 113f). Mithilfe des t-Tests werden zentrale Mittelwertsunterschiede von zwei Gruppen auf ihre Signifikanz hin überprüft. Diese Voraussetzung ist durch die Dichotomisierung der Sozialschichtvariable erfüllt (die Begründung für diesen Vorgang im Sinne einer gehaltvollen Aussageproduktion wurde in Kapitel 5.3 dargelegt). Eine weitere Prämisse des t-Tests ist die Normalverteilung der Populationsmittelwerte, die aufgrund des zentralen Grenzwerttheorems ebenfalls als erfüllt angesehen werden kann.[52] Die letzte Prämisse ist die Varianzhomogenität beider Stichproben (vgl. ebd.). SPSS testet automatisch mittels des Levene-Tests auf diese Homoskedastizität; wird sie verletzt, kommt der t-Test für ungleiche Varianzen zum Einsatz. Eine Verletzung dieser Voraussetzung wird somit außer Kraft gesetzt und eine Gefährdung der Aussagekraft abgewendet.

Zur Hypothese 5a: Die Überprüfung der Hypothese 5a soll klären, ob zwischen unteren und oberen Schichten ein signifikanter Unterschied in der Nutzungsfrequenz besteht. Wie bereits erwähnt, werden Unterschicht mit unterer Mittelschicht sowie Mittelschicht mit oberer Mittelschicht und Oberschicht zu den jeweiligen zwei Gruppen zusammengefasst. Der Levene-Test für Homoskedastizität wies nach, dass keine Varianzhomogenität vorliegt, weshalb der t-Test für ungleiche Varianzen interpretiert wird.[53] Die unteren Schichten unterscheiden sich demnach in ihrer wöchentlichen Nutzungsdauer signifikant ($p<.05$) von den oberen Schichten. Während Jugendliche oberer Schichten im Mittel 155,7 Minuten (etwa zweieinhalb Stunden) am Tag für die Internetnutzung aufwenden (SD=127,94, SE=3,56), sind Jugendliche unterer Schichten mit durchschnittlich 171,5 Minuten (SD=135,59, SE=6,46) täglich etwa eine Viertelstunde länger online. H_5a wird also bestätigt.

Zur Hypothese 5b: Ein deutlicherer und höchstsignifikanter Unterschied ($p<.001$) besteht zwischen den Klimamodellen. Während Jugendliche aus Familien, die nach Auswertung der Elternfragebögen ein unproblematisches Klima aufweisen, im Mittel pro Tag 147,5 Minuten (SD=120,70; SE=3,41) online sind, nutzen Jugendliche aus Familien mit dysfunktionalem Klima das Web fast eine Dreiviertelstunde länger (MW=191,5; SD=147,28; SE=6,73). Zwischen den Klimamodellen nach Beurteilung der Jugendlichen konnte ein ebenso höchstsignifikanter Unterschied nachgewiesen werden (unproblematisch: MW=149,33; SD=126,61; SE=3,56/dysfunktional: MW=187,9; SD=135,20; SE=6,28; $p<.001$). H_5b wird bestätigt. Wie aus der Theorie des Kapitels 3.6 hervorgeht, ist eine erhöhte Mediennutzungszeit u.a. vor dem Hintergrund eines vermeidenden Copingstils zu betrachten. Mediennutzung wird nicht selten als Strategie zur Bewältigung negativer Emotionen und Stressempfinden genutzt (vgl. Jäger et al. 2008; Durkee/Kaess et al. 2012; Shek et al. 2013). Ein vermeidender Copingstil kann also eine Ursache für die hier aufgezeigte

---

52 Das zentrale Grenzwerttheorem besagt, dass „die Verteilung von Mittelwerten aus Stichproben des Umfangs n, die derselben Grundgesamtheit entnommen wurden, (…) mit wachsendem Stichprobenumfang in eine Normalverteilung über[geht]". Vereinfacht bedeutet dies: „Für großes n ist die Stichprobenverteilung des Mittels normal" (Bortz/Schuster 2010: 86). In den Sozialwissenschaften gilt die Richtlinie $n>30$ (vgl. ebd.).

53 Da die Ergebnisse des Levene-Tests lediglich für den Interpretationsvorgang an sich und weniger für die Ergebnisformulierung von Bedeutung sind, werden diese für die nächsten Untersuchungen nicht mehr angegeben.

höchstsignifikante Differenz zwischen Familien problematischer und unauffälliger klimatischer Verhältnisse sein.

Hypothese 5c: Für die Untersuchung hinsichtlich eines Unterschiedes zwischen den elterlichen Erwerbsstatus zeigen sich ähnliche Verteilungen. Auch die H_5c kann bestätigt werden. Mit einer durchschnittlichen Dauer von etwa drei Stunden pro Tag (MW=185,6; SD=138,57; SE=12,58) nutzen jugendliche Kinder erwerbsloser Eltern das Internet signifikant länger als Jugendliche beschäftigter Eltern (MW=157,7; SD=129,24; SE=3,22; $p<.05$). Betrachtet man nun die elterliche Nutzungszeit, fällt auf, dass Eltern das Internet zwar generell weniger als ihre jugendlichen Kinder nutzen, diese sich jedoch hinsichtlich des Erwerbsstatus ebenfalls höchstsignifikant voneinander unterscheiden ($p=.001$).[54] Mit durchschnittlich 2,1 täglichen Stunden (SD=1,57; SE=.14) nutzen erwerbslose Eltern das Internet fast eineinhalbmal so viel wie erwerbstätige (MW=1,5; SD=.98; SE=.02).[55] Es ist denkbar, dass dies vor dem Hintergrund der elterlichen Vorbildfunktion für die erhöhte jugendliche Nutzungsfrequenz eine Rolle spielt und eine mögliche Ursache darstellt. Wie mehrfach in dieser Arbeit aufgezeigt, herrscht in Familien unterer Schichten und bei Erwerbslosigkeit eine eher angespannte Familienatmosphäre. Dies ist auch für die erhöhte Nutzung der Kinder unterer Schichten und der Kinder erwerbsloser Eltern im Sinne einer vermeidenden Bewältigungsstrategie eine mögliche und denkbare Erklärung.

Meines Erachtens ist es sinnvoll, über die bloße Feststellung eines signifikanten Unterschiedes zwischen den jeweiligen Gruppen hinaus zu gehen und zu hinterfragen, inwiefern es sich bei diesen Nutzungszeiten der problematischen Gruppen tatsächlich um eine erhöhte oder gar besorgniserregend hohe Nutzung handelt. Ein genereller Maßstab, ab welchem Zeitaufwand man von einer ausufernden Internetnutzung sprechen kann, existiert nicht. Ein gar internationales Maß zu finden ist nicht zuletzt aufgrund der großen Diskrepanzen zwischen den Ländern praktisch unmöglich (siehe EU-Kids Online Studie: Haddon/Livingstone 2012). Zum Zwecke einer Einordnung der hier erzielten Ergebnisse in einen umfassenden Kontext und ein vertretbares Maß liegt demnach ein Vergleich mit Daten anderer Studien

54 Die Eltern wurden, anders als ihre Kinder, unabhängig von den verschiedenen Anwendungen nach der generellen Zeit, die sie täglich an Werk- und Wochenendtagen für das Internet aufwenden, gefragt. Die Variable, mit der hier operiert wurde, wurde entsprechend kodiert (Nutzungszeit pro Tag) und gibt die Zeit in Stunden aus.

55 In Kapitel 3.5 wurde angeführt, dass sich 2012 unter den nicht berufstätigen weitaus weniger Internetnutzer befanden als unter den Berufstätigen (vgl. Initiative D21 2012: 5). Diese Verteilung ist auch hier erkennbar: während 29,7% der erwerbslosen Eltern das Internet niemals nutzen, sind es unter den Erwerbstätigen nur 10,7% (der Unterschied zwischen den hier aufgeführten Daten und denen des (N)ONLINER Atlas rührt vermutlich von den unterschiedlichen Stichproben. Letztere befragten alle Bundesdeutschen ab einem Alter von 14 Jahren; vgl. ebd.: 4). Es gilt festzuhalten, dass sich weniger der erwerbslosen Eltern zu den Internetnutzern zählen, diejenigen Erwerbslosen, die das Netz jedoch nutzen, es in verstärktem Maße tun.

nahe. 2011 nutzten laut der JIM-Studie deutsche Jugendliche im Alter zwischen 12-19 Jahren das Internet 134 Minuten pro Tag (vgl. MPFS 2011: 31f).[56] Hier ist ein Vergleich jedoch aus verschiedenen Gründen problematisch. Zum einen wurde in der EXIF-Studie nicht nach der generellen Gesamtverweildauer der Jugendlichen gefragt. Die Frage nach dem Zeitaufwand wurde hier für die entsprechend genutzten Anwendungen (z.B. Kommunikation, drauflossurfen etc.) gestellt. Wie an anderer Stelle bereits beschrieben, wurde eine Gesamtzeit für die drei beliebtesten Internetaktivitäten gebildet. Das arithmetische Mittel aller in der Studie erfassten Jugendlichen liegt mit 159,73 Minuten pro Tag (SD=130,07; SE=3,13) bereits weit über dem in der JIM-Studie publizierten Durchschnittswert. Ein weiterer problematischer Aspekt ist der mit zunehmendem Alter konstante Anstieg von Verweildauer und Nutzungshäufigkeit. Während laut der JIM-Studie (2011) 48% der 12-13jährigen täglich online waren und pro Tag etwa 95 Minuten im Netz verbrachten, waren unter den 18-19jährigen 78% täglich online und wendeten pro Tag 156 Minuten für den Internetgebrauch auf (ein Geschlechtsunterschied war nicht zu verzeichnen; vgl. MPFS 2011: 31f). Anhand der hier vorgestellten Ergebnisse lässt sich deskriptiv eine leicht erhöhte Nutzung der entsprechenden Gruppen im Vergleich zur Gesamtpopulation feststellen. Dies ist jedoch unter Berücksichtigung der genannten Gründe vorsichtig zu formulieren. Eine klare Einordnung und Prognose ist schwer möglich, wurde doch an mehreren Stellen dieser Arbeit gezeigt, dass erhöhte Nutzung nicht zwingend besorgniserregend sein muss. Die aufgezeigten Erkenntnisse sind unter Berücksichtigung einer erhöhten Nutzungsfrequenz als Risikofaktor für die Entwicklung einer pathologischen Computer- und Internetnutzung für die pädagogische Präventionsarbeit von Bedeutung. Hierfür bedarf es jedoch weiterer Forschung.

Das abschließende Kapitel 7 fasst zunächst die hier aufgezeigten Ergebnisse vor dem Hintergrund der Fragestellung in aller Kürze zusammen, bevor eine Ableitung der Konsequenzen und Kritik an Methoden und Inhalt folgt, das Fazit gezogen und ein Ausblick gegeben wird.

56 Da die Daten der vorliegenden Analyse im Jahre 2011 erhoben wurden, wird sich hier an der JIM-Studie desselben Jahres orientiert.

7. Zusammenfassung und Diskussion

Die im vorangehenden Kapitel aufgezeigten Ergebnisse konnten die zuvor formulierten Hypothesen allesamt bestätigen. Wie die drei bivariaten Regressionsmodelle aus dem ersten Hypothesenblock zeigten, besteht für Jugendliche aus der Unterschicht wie auch für Jugendliche aus Familien mit einem dysfunktionalen Klima und Jugendliche erwerbsloser Eltern ein höchstsignifikant erhöhtes Risiko einer pathologischen Computer- und Internetnutzung (H_1). Ebenso konnte ein Moderationseffekt nachgewiesen werden. Elterliche Erwerbslosigkeit ist als Risikofaktor für eine pathologische Internetnutzung nur in unteren Schichten (Unterschicht und untere Mittelschicht) signifikant. Der Einfluss des Familienklimas greift in allen Schichten höchstsignifikant, ist jedoch erneut in den unteren Schichten besonders gravierend und nimmt mit steigender Schichtzugehörigkeit konstant ab (H_2). Der starke Zusammenhang der Sozialschichtzugehörigkeit mit pathologischer Internetnutzung kann partiell durch das vermehrt dysfunktionale Familienklima und die erhöhte Erwerbslosigkeit in unteren Schichten erklärt werden (H_3). Im Sinne einer Verbesserung der inhaltlichen Gestaltung unterstützender pädagogischer Maßnahmen konnte auf der Suche nach weiteren Ursachen für den Zusammenhang zwischen dem sozioökonomischen Status und der jugendlichen Internetnutzung ebenso gezeigt werden, dass generell in unteren Schichten, insbesondere aber in der Unterschicht, das Risiko einer verminderten Medienerziehungsqualität zum Teil eklatant ist. Für vier der fünf Skalen konnten höchstsignifikante Werte nachgewiesen werden (H_4a). Durch statistische Kontrolle des Familienklimas konnte die starke Korrelation des sozioökonomischen Status mit der Medienerziehungsqualität in beinah allen Skalen erklärt werden. Lediglich der Zusammenhang zwischen der Sozialschichtzugehörigkeit und einer aktiven Medienbegleitung scheint nicht durch das Familienklima erklärbar (H_4b). In allen multivariaten Modellen stellte sich jedoch der Einfluss der Sozialschicht als der stärkere heraus. Auffällig war, dass bei zwei medienerzieherischen Dimensionen (dem *Medienerzieherischen Vorbild* und der *Elterlichen Medienkompetenz*) der Einfluss des Familienklimas nur für die elterlichen Fragebögen statistisch signifikant abgesichert werden konnte. Eine mögliche Erklärung für diesen Befund liegt in den differenzierten Erfahrungsperspektiven und Umgangsnormen der einzelnen Familienmitglieder (an dieser Stelle sei daran erinnert, dass die Familienbögen zur Selbstbeurteilung eingesetzt wurden, die die eigene Funktion aus Perspektive des einzelnen Mitgliedes in der Familie messen; vgl. Cierpka/Frevert 1994: 2). Wie in Kapitel 3.2.2 kurz aufgezeigt, halten Eltern verstärkt an Konfliktsituationen fest und sind merklich stärker von diesen belastet als ihre jugendlichen Kinder (vgl. Steinberg 2001: 5.). Somit besteht die Möglichkeit, dass Eltern einen Konflikt wahrnehmen oder eine Situation als disharmonisch empfinden, während ihre jugendlichen Kinder diese Auffassung nicht teilen. Dieser Erklärungsansatz steht auch im Einklang mit dem Auftreten ebendieser Diskrepanz in ausschließlich medienerzieherischen Bereichen. Die Chi-Quadrat-Tests wiesen eine Korrelation zwischen den Skalen der Medienerziehungsqualität und der Computernutzung nach. Mit Ausnahme der *selbstverantwortlichen Regulierung* des Konsums bestand für alle Skalen eine verminderte Qualität im medienerzieherischen Handeln vermehrt in der Gruppe der pathologischen Internetnutzer (H_4c). Die verminderte medienerzieherische Qualität der Eltern stellt damit einen Erklärungsansatz für den Zusammenhang zwischen der Sozialschichtzugehörigkeit und pathologischer Internetnutzung dar. Hierneben ist ein weiterer Erklärungsaspekt denkbar. In Kapitel 3.4 wurden die Nutzungspräferenzen der Jugendlichen und ihre schichtspezifischen Diskrepanzen aufgezeigt. Demnach befinden sich in der Unterschicht signifikant mehr Gamer als in einer der verbleibenden vier Schichten (vgl. Leven et al. 2010: 108). Unter diese Gamer fallen natürlich auch Spieler von MMORPGs, denen wie eingangs instruiert, nach Smyth (2007) ein Suchtpotential immanent scheint (vgl. Kap. 2). Das erhöhte Risiko für die jugendliche Unterschicht mag also partiell in deren Nutzungspräferenz und dem immanenten Suchtpotential begründet sein. In der Herleitung des Forschungsinteresses wurde im Hinblick auf die Suche nach möglichen Ursachen für die erhöhte Gefahr der jeweiligen Gruppen vor pathologischer Internetnutzung die Korrelation des CIUS mit erhöhter Nutzungsfrequenz (vgl. Meerkerk et al. 2009: 5; Rosenkranz 2012: 139) dargelegt. Es wurde bestätigt und statistisch zum Teil höchstsignifikant abgesichert, dass Jugendliche unterer Schichten wie auch Jugendliche aus Familien mit einem problematischen Klima und jugendliche Kinder erwerbsloser Eltern eine höhere Internetnutzungsfrequenz aufweisen als diejenigen aus der jeweiligen Vergleichsgruppe (H_5). Somit ist die erhöhte Nutzungsfrequenz der jeweiligen Gruppen ebenso als Erklärungsansatz für die Gefährdung denkbar. Wie an mehreren Stellen gezeigt, wirken sich die Zugehörigkeit zu unteren Schichten sowie die elterliche Erwerbslosigkeit, beide partiell verbunden mit einer erschwerten finanziellen Situation, belastend auf das Familienklima aus und bieten somit kein entwicklungsadäquates Sozialisationsumfeld für ihre aufwachsenden Kinder (vgl. Kap. 3.1). Ein vermeidender Copingstil resultiert vor allem aus einer unsicheren oder ängstlichen Bindung zur Bezugsperson, die vornehmlich in unteren Schichten und bei elterlicher Erwerbslosigkeit auftritt (vgl. Kap. 3.6). Somit ist der Effekt des vermeidenden Copingstils für den Einfluss aller drei untersuchten unabhängigen Variablen für die erhöhte Nutzungsfrequenz generell eine mögliche Erklärung.

7.1. Ableitung pädagogischer Konsequenzen

Der Ansatzpunkt der vorliegenden Arbeit, Handlungen eines Familienmitgliedes stets als Reaktion im sozialen Gefüge des Systems Familie zu begreifen, konnte bestärkt werden. Die Ergebnisse zeigen deutlich, dass therapeutische Maßnahmen nicht losgelöst vom Familienumfeld umgesetzt werden sollten (natürlich unter Vorbehalt individuell abzuklärender Ausnahmen). Im Hinblick auf Etablierungen im klinisch-therapeutischen Bereich, bei denen stationär oder ambulant betreut wird, ist einzuräumen, dass Einzeltherapien des betroffenen Jugendlichen losgelöst von seinem familiären Hintergrund unter Umständen an Effektivität einbüßen und/oder Potentiale verloren gehen. Es ist jedoch hervorzuheben, dass dieser Ansatz vor allem für die Prävention gilt; gerade eine frühzeitige aktive Medienerziehung ist von großer Relevanz, da eine spät einsetzende Regulierung im Jugendalter eine größere Herausforderung darstellt (vgl. Hirschhäuser 2012: 109).

Wie im Forschungsinteresse formuliert wurde, ist für die Etablierung pädagogischer Konsequenzen das Wissen um die Risikointensität, die von den jeweiligen Strukturparametern ausgeht, bedeutsam. Für eine Identifikation derjenigen Gruppe, der eine besondere Aufmerksamkeit zuteil werden muss, konnte die vorliegende Untersuchung belegen, dass sich der elterliche Erwerbsstatus im Vergleich zu den anderen Parametern als geringste, der Sozialstatus als gravierendste Einflussgröße herausstellte. Entsprechend lenkt diese Kenntnis den Ansatzpunkt der Konsequenzen. Es ist demnach von großer Bedeutung untere Schichten zu erreichen. Der elterliche Erwerbsstatus bleibt zunächst sekundär; gleichwohl schließt der Fokus auf untere Schichten erwerbslose Eltern aufgrund der in den deskriptiven Statistiken aufgezeigten Korrelation dieser beiden Parameter nicht aus. Bei Konzentration auf untere Schichten ist demnach davon auszugehen, dass sich auch vermehrt erwerbslose Eltern in der Zielgruppe befinden. Auf politischer Ebene eine mögliche Kostenübernahme von Hilfs- und Beratungsangeboten im Rahmen der staatlichen Arbeitslosenversicherung nahezulegen wäre wünschenswert, sollte jedoch nicht oberste Priorität haben. Ein relevanter Punkt ist die Klärung des Kostenträgers bei der Etablierung pädagogischer Hilfestellung. Unter Berücksichtigung finanzieller Engpässe, die mit sozial schwächeren Schichten und Erwerbslosigkeit einhergehen können, wäre ein unentgeltliches Angebot z.B. von Einrichtungen in Trägerschaft der freien Wohlfahrtspflege sinnvoll und bedeutsam. Im Rahmen intervenierender Maßnahmen, die verstärkt in den psychologisch-therapeutischen Aufgabenbereich fallen, ist auch an eine Therapiekostenübernahme durch die zuständigen Kostenträger wie die Krankenkassen oder die Rentenversicherung zu denken (diese Möglichkeit besteht bereits, worauf einige Einrichtungen auch hinweisen). Hierfür ist jedoch eine Diagnose (z.B. nach DSM) unabdingbar. Eine Kostenübernahme, die im Einzelfall geprüft wird, würde sicherlich durch den Eintrag des Krankheitsbildes in einen der internationalen Klassifikationskataloge maßgeblich erleichtert. Im DSM-V wird der Eintrag „Internet gaming disorder" unter Section III mit dem Hinweis auf die Notwendigkeit weiterer Forschung geführt.

Das Familienklima stellte sich als zweitgrößter Einflussfaktor auf die kindliche Mediennutzung heraus. Darüber hinaus konnte der starke Zusammenhang zwischen sozioökonomischem Status und pathologischer Computer- und Internetnutzung partiell durch die Korrelation mit dem Familienklima erklärt werden. Wie aus dem Moderationseffekt hervorging, ist der Einfluss des Familienklimas in allen sozialen Schichten bedeutend und höchstsignifikant, in den unteren jedoch besonders gravierend. In diesem Zusammenhang ist die Aufmerksamkeit aller Eltern (losgelöst von ihrem sozialen Status) entsprechend zu schärfen. Der primäre Fokus ist folglich auf die Stärkung der innerfamilialen Beziehungen und Kommunikationsmuster nicht nur, aber vor allem in unteren Schichten zu legen. In diesem Rahmen ist vor allem auf die für die Entwicklungsphase der Adoleszenz spezifischen Aushandlungsprozesse hinzuweisen und Eltern entsprechend zu schulen und zu unterstützen. Damit verknüpft gilt es im Rahmen präventiver Maßnahmen durch Programme, die untere Schichten erreichen sollen und entsprechend spezifisch ausgelegt werden müssen, die Medienerziehungsqualität und Medienkompetenz zu fördern. Demnach bedürften diese Programme einer Anpassung an individuelle Wissensstände.

Betroffene Eltern wünschen sich zwar vermehrt externe Hilfsangebote, nutzen diese jedoch kaum (vgl. Rosenkranz 2012: 147). Eine denkbare Erklärung wäre, dass diese Eltern von der Existenz entsprechender Einrichtungen oder Beratungsstellen nichts wissen. Das wiederum rückt den aktiven Handlungsbedarf, die Öffentlichkeitsarbeit und Werbung dieser Beratungsstellen in den Vordergrund. Da eine gewisse Handlungspassivität der Rezipienten also nicht ausgeschlossen werden kann, erscheint aktive Kontaktaufnahme durch die Beratungsstellen notwendig. Da Eltern nicht selten die Schule im Sinne des Bildungsauftrages in einer Handlungsschuld zur Medienkompetenzförderung sehen (vgl. Schwinge 2012: 60), würde Unterstützung durch die Schule möglicherweise positiv aufgefasst und akzeptiert. Ein denkbarer Lösungsansatz wäre demnach bspw. die Etablierung von Elterngesprächen, Elternabenden oder Verteilen von Elterninformationsbroschüren (im Kontext der schichtgebundenen Problematik vornehmlich in Hauptschulen), um den potentiellen Klienten zunächst aufzuzeigen, dass und bei Bedarf wo Hilfe angeboten wird (die Rolle der Schule wird im Kapitel 7.4 weitläufiger diskutiert).

Letztendlich sollten sich pädagogische Angebote jedoch nicht ausnahmslos auf die gefährdete Zielgruppe beschränken. Generell gilt es, die intergenerationellen Interessendivergenzen zu schmälern, Eltern die Relevanz digitaler Medien im jugendlichen Leben aufzuzeigen, ihnen die Scheu vor neuen Technologien und den sich daraus ergebenden Erziehungsaufgaben zu nehmen und ihnen das hohe familienfreundliche Unterhaltungspotential nahezulegen. Hier wären auch multimediale Freizeitangebote für die ganze Familie eine Möglichkeit, Eltern für den Computer als Unterhaltungsmedium ihrer Kinder zu sensibilisieren, die Kommunikation über das Medienerleben innerhalb der Familie zu fördern und einer etwaigen elterlichen Ablehnung entgegenzuwirken. Es ist anzunehmen, dass medienkompetenzfördernde Programme für Familien nicht nur die Medienerziehung verbessern, sondern auch die Angst oder Unsicherheit der Eltern in diesem Bereich schmälern und Konflikten diesbezüglich entgegenwirken.[57]

Aufgrund der vorliegenden Forschung kann keine Aussage darüber gemacht werden, ob eine Erkennung der Schwachstellen im familialen Beziehungsgefüge oder der medienerzieherischen Handlungsqualität auch als Interventionsmaßnahme für bereits Betroffene genutzt werden kann oder ob es diesen Ansatz lediglich im Rahmen der Präventionsarbeit zu verfolgen gilt. Bei der Etablierung jeglicher Maßnahmen wie etwa eines Programmes zur Schulung der elterlichen Medienerziehungsqualität wäre eine begleitende Evaluationsstudie zur Messung und Beurteilung der Implementierungsgüte wünschenswert.

7.2. Übergreifende kritische Auseinandersetzung mit der Thematik

In Ermangelung übergreifender Diagnosekriterien für pathologische Computer- und Internetnutzung wird sich verschiedener intervenierender Maßnahmen bedient. In klinisch-therapeutischen Einrichtungen wird die Behandlung auch an bereits bestehende Therapiekonzepte für andere Erkrankungen wie Depression oder Persönlichkeitsstörungen angepasst (vgl. Rehbein et al. 2009: 41) und mancherorts mit pharmakologischen Maßnahmen kombiniert (vgl. Schorr 2009: 379f). Unter Berücksichtigung der hier produzierten Ergebnisse ist dies jedoch kritisch zu betrachten. Es sollte abgewägt werden, ob der Einsatz von Psychopharmaka nicht durch gezielte Präventions- und Interventionsarbeit (wie oben diskutiert) verhindert werden kann. In Südkorea bspw. werden Präventionsworkshops und Beratung für betroffene Kinder an Schulen angeboten. Die Südkoreanische Regierung antwortete 2011 auf das Phänomen der problematischen Online-Spiele-Nutzung ihrer Jugend mit einer gesetzlich verankerten, zeitlichen Beschränkung in Form einer nächtlichen Zugangssperre. Jugendlichen unter 16 Jahren wird der Zugang zu Onlinegame-Websites in der Zeit von 0 bis 6 Uhr technisch verwehrt (das Alter wird anhand der Sozialversicherungsnummer ermittelt, die zur Anmeldung erforderlich ist; vgl. Lee 2011). Vor dem Hintergrund wissenschaftlicher Erkenntnisse ist die Effektivität eines solchen Gesetzes jedoch fraglich, da es schließlich weniger darauf ankommt, zu welcher Tageszeit gespielt wird. Aufgrund des spielimmanenten Suchtpotentials

57 Diesem Gedanken wird das Konzept der ComputerSpielSchule der Stadt Leipzig (in Kooperation mit der Universität Leipzig) gerecht. Über das Konzept kann sich online informiert werden unter: http://www.uni-leipzig.de/~compsp/Csl/angebot_eltern.html [Zugriff: 13.September 2013]. Die Idee konnte sich bereits auch in anderen Städten etablieren.

von MMORPGs (vgl. Smyth 2007) ist der Gedanke einer temporären Zugangssperre für Onlinespiele im Ansatz jedoch ein guter Schritt. Wirkungsvoller könnte aber eine Begrenzung des täglichen Zeitumfanges sein (dies wird in China praktiziert. Die Online-Spieler sind für den Beleg ihrer Volljährigkeit zur Anmeldung mit ihrer Personalausweisnummer verpflichtet. Für Kinder unter 18 ist das Spielen von Online-Games auf drei Stunden beschränkt. Die drohende Konsequenz bei zeitlicher Überschreitung ist eine Reduktion der erlangten Spielepunkte; vgl. Süddeutsche Zeitung 2010). Letztlich ist jedoch anzunehmen, dass viele der Jugendlichen diese technische Sperre zu umgehen wissen. Auf deutscher Gesetzesebene wird im Rahmen des Kinder und Jugendmedienschutzes gehandelt. Am 01.April 2003 trat das medienübergreifende Jugendschutzgesetz des Bundes (JuSchG) in Kraft (vgl. Hein 2012b: 188), das vor dem Hintergrund der „Killerspiele" als persistent relevantes und aktuelles Thema in der öffentlichen Diskussion 2008 erweitert worden ist. Die bekannten Regulierungsapparate zur Selbstkontrolle (FSM, die freiwillige Selbstkontrolle Multimedia; FSK, die freiwillige Selbstkontrolle der Filmwirtschaft; FSF, die Freiwillige Selbstkontrolle Fernsehen; USK, die Unterhaltungssoftware Selbstkontrolle), die von der Kommission für Jugendmedienschutz (KJM) anerkannt werden müssen, folgen dem Prinzip der regulierten Selbstregulierung. Ihnen wird ein gesetzlich verankerter Entscheidungsrahmen gewährt (vgl. Stapf 2010: 174). Die KJM ist ein staatsfernes Aufsichtsorgan und prüft etwaige Verstöße gegen den Jugendmedienschutz-Staatsvertrag (JMStV), denen Sanktionen gegen den Telemedienanbieter folgen können. „Die jeweiligen Maßnahmen hängen von der Schwere des Verstoßes ab, der von einer Entwicklungsbeeinträchtigung bis zum Unzulässigkeitstatbestand reichen kann".[58] Welches Gesetz bei jugendgefährdenden Inhalten greift (JuSchG oder JMStV), entscheidet die Zurechnung der Inhalte zu Träger- oder Telemedien (vgl. ebd.).[59] Die Bundesprüfstelle für jugendgefährdende Medien (BPjM) entscheidet über die Aufnahme in die Liste jugendgefährdender Medien (vgl. Mitsch 2012: 281). Dies sind gemäß §18 des JuSchG

> „Träger- und Telemedien, die geeignet sind, die Entwicklung von Kindern oder Jugendlichen oder ihre Erziehung zu einer eigenverantwortlichen und gemeinschaftsfähigen Persönlichkeit zu gefährden (…). Dazu zählen vor allem unsittliche, verrohend wirkende, zu Gewalttätigkeit, Verbrechen oder Rassenhass anreizende Medien sowie Medien, in denen
> 1. Gewalthandlungen wie Mord- und Metzelszenen selbstzweckhaft und detailliert dargestellt werden oder
> 2. Selbstjustiz als einzig bewährtes Mittel zur Durchsetzung der vermeintlichen Gerechtigkeit nahe gelegt wird" (JuSchG (idF v. 1.4.2003) § 18 Abs. I).

58 Kommission für Jugendmedienschutz der Landesanstalten: http://www.kjm-online.de/de/pub/jugendschutz_in_telemedien/pruefverfahren.cfm [Zugriff: 13.September 2013]

59 Das JuSchG regelt den Bereich der Trägermedien (alle Inhalte auf gegenständlichen Trägern wie CD oder DVD, also offline). Der JMStV hingegen reguliert die Telemedien im Rahmen öffentlich zugänglicher Inhalte, also online. Bei Multifunktionsgeräten wie dem Handy treten für diese Regelung jedoch Schwierigkeiten auf (vgl. Stapf 2010: 179f).

Dies hat nicht zur Folge, dass das Produkt vom Markt genommen wird, denn natürlich können Volljährige solche Produkte weiterhin legal käuflich erwerben, mieten o.ä. Indizierte Medien dürfen jedoch weder beworben noch Minderjährigen zugänglich gemacht werden (vgl. Hein 2012b: 188). Problematisch ist hierbei jedoch, dass Internetangebote, die in Deutschland aufgrund ihrer jugendgefährdenden Eigenschaften einer Altersbeschränkung unterlägen, im Netz frei verfügbar sind (vgl. Kammerl et al. 2012: 31) und „insbesondere bei den Medien, bei denen sich die Konzepte des Jugendmedienschutzes noch in der Fortentwickung befinden, weniger Kontrolle der Eltern stattfindet“ (ebd.). Seit 2011 unterliegen auch MMORPGs einer Altersbeschränkung der USK gemäß JMStV. Die meisten dieser Spiele sind ab 12 Jahren freigegeben, da „dieser Altersgruppe zugetraut [wird], dass sie das Spielgeschehen in der erkennbaren Fiktion durchschauen. Die Spielelemente sind häufig so gestaltet, dass Distanz gegenüber emotionaler Ängstigung oder Übererregung auch 12-Jährigen ermöglicht wird.“[60] All diese Apparate beurteilen jedoch nur inhaltliche Aspekte im Sinne z.B. gewalthaltiger bzw. gewaltverherrlichender oder -verharmlosender Darstellungen. Bereits 2009 forderte die niedersächsische Sozialministerin Mechthild Ross-Luttmann (CDU) unter Rückbezug auf eine Studie des Kriminologischen Forschungsinstituts Niedersachsen e.V. die Heraufsetzung der Altersfreigabe für das Online-Rollenspiel *World of Warcraft* von 12 auf 18 Jahre (vgl. von Lucius 2009).[61] Der Forderung wurde jedoch bisher nicht nachgekommen; das Spiel ist nach wie vor für Kinder ab 12 Jahren freigegeben. Eine Gesetzesänderung, die den Fokus um entsprechende jugendgefährdende bzw. jugendbeeinträchtigende Aspekte im Sinne einer suchtartigen oder exzessiven Nutzung erweitert und sich nicht auf inhaltliche Darstellungen beschränkt wäre demnach wünschenswert.

Generell gestaltet sich eine Reaktion auf die Ergebnisse der vorliegenden Untersuchung auf Gesetzesebene schwierig. Wie oben bereits angeführt, wäre es ratsam, der Schule Verantwortung aufzutragen, indem Maßnahmen und Unterrichtseinheiten zur Medienkompetenzförderung bedarfsdeckend in die Lehrpläne integriert werden. Eine solche Vorgabe kann jedoch nicht ohne weiteres bundesweit durchgesetzt werden, da es durch das föderale Bildungssystem unter die Verantwortung der einzelnen Kultusministerien fällt. Wie bereits erwähnt, hat vor dem Hintergrund der Vermutung, dass Eltern von der Existenz bestehender Hilfs- und Beratungsangebote nichts wissen, die Öffentlichkeitsarbeit von Beratungs- und Hilfseinrichtungen hohe Priorität. Um möglichst flächendeckend zu informieren wären z.B. Kino- und/oder Fernsehwerbespots oder Plakate in Betracht zu ziehen.[62] Dies könnte

60 Unterhaltungssoftware Selbstkontrolle: http://www.usk.de/pruefverfahren/genres/untergenres-von-rollenspiel/ [Zugriff: 13.September 2013]

61 Rehbein et al. (2009) vom KFN wiesen World of Warcraft ein spielimmanentes Abhängigkeitspotential nach, das sich von anderen Spielen deutlich abhob (vgl. Rehbein et al. 2009: 44f).

62 An dieser Stelle sei daran erinnert, dass das Fernsehen in niedrigeren Schichten einen recht hohen Stellenwert genießt (vgl. Paus-Hasebrink 2009: 22; Lange/Sander 2010: 186f.), während Eltern sich

bspw. in Anlehnung an die von der Bundeszentrale für gesundheitliche Aufklärung (BzgA) etablierten Kampagnen für andere Problembereiche wie Alkohol- und Nikotinkonsum (Kampagne „Alkohol? Kenn Dein Limit" oder „rauchfrei") oder der AIDS-Prävention (Dachkampagne „Gib AIDS keine Chance") geschehen.[63] Online gibt es von der BzgA unter dem Reiter „Ins-Netz-Gehen - Online sein mit Maß und Spaß" bereits Angebote, die Kinder im Alter zwischen 12 und 18 Jahren schulen sollen, Online-Angebote wie Soziale Netzwerke, Chats und Computerspiele verantwortungsvoll und risikofrei zu nutzen.[64] Hier wird die Medienkompetenz der Kinder gefördert, die Relevanz von Computer und Internet aufgezeigt und Ratschläge an die Hand gegeben, wenn der Jugendliche bei sich selbst erste Probleme in dieser Hinsicht feststellt. Darüber hinaus ist für diesen Fall eine Suchfunktion für regionale Beratungsstellen eingerichtet. Diese Informationen müssten jedoch verstärkt publik gemacht werden; z.B. eben durch Werbespots. Hinzu kommt, dass nach diesen Onlinehilfsangeboten im Netz gezielt gesucht werden muss, eine aktive Handlung des Rezipienten ist also Voraussetzung. Dies trifft auf Fernsehwerbung oder Plakate nicht zu. Ebenso wäre denkbar, Hersteller von Online-Rollenspielen in ihren Werbeeinheiten gesetzlich zu einem Hinweis auf das immanente Suchtpotential ihres Produktes zu verpflichten wie es auch für Tabakprodukte oder die Lotterie vorgeschrieben ist. In Kombination mit einem solchen Hinweis könnte auf eine zentrale Beratungshotline verwiesen werden, die erste Fragen klärt und die Rezipienten an regionale, für sie zuständige Einrichtungen verweist (online wird dies bereits geleistet z.B. vom Fachverband Medienabhängigkeit e. V., der dem Rezipienten übersichtlich regionale Hilfseinrichtungen aufzeigt[65]).

Der Moderationseffekt zeigt, dass der Einfluss des Familienklimas in den unteren Schichten zwar am gravierendsten ist, jedoch in allen Schichten deutlich wird. Aufgrund dieser Erkenntnisse ist die öffentliche Diskussion in ein anderes Licht zu rücken. Es ist bei Verfolgung der öffentlichen, nichtwissenschaftlichen Debatte zu beobachten, dass die Problematik nicht losgelöst vom Medium zu betrachten gewagt wird und dadurch eine Art Tunnelblick entsteht. Der Fokus sollte weg vom Medium an sich hin zu den Bewältigungsprozessen der Jugendphase und dem innerfamilialen Klima gelenkt werden. Dies könnte ein Schritt sein, um bspw. durch das Bildungsfernsehen oder Zeitungsartikel den Blick von Eltern aus oberen Schichten zu weiten und das komplexe Themenkonstrukt dieser Problematik von

---

umso seltener zu den Internetnutzern zählen, je niedriger die formale Bildung bzw. das Einkommen ist oder auch bei Erwerbslosigkeit (vgl. Initiative D21 2012: 5).

63 Die Zielgruppen werden durch Fernseh- und Kinospots auf die Kampagnen aufmerksam gemacht und erhalten online tiefgreifende Informationen über Risiken, Hilfe bei Problemen etc. Online (mit entsprechenden Links zu den jeweiligen Spots) verfügbar unter: http://www.rauch-frei.info/, http://www.kenn-dein-limit.info/, http://www.gib-aids-keine-chance.de/ [Zugriff: 22.März 2013].

64 http://www.ins-netz-gehen.de/ [Zugriff: 21.März 2013].

65 http://www.fv-medienabhaengigkeit.de/ [Zugriff: 21. März 2013].

einem anderen als dem medienzentrierten Standpunkt zu betrachten. Möglicherweise kann Betroffenen somit der wirkliche Handlungsbedarf nahegelegt werden (nämlich primär das Familienklima und die innerfamiliale Kommunikation).

7.3. Kritik an der Untersuchung und Limitationen

Dieser Abschnitt eruiert kritische Bereiche der vorliegenden Untersuchung und zeigt Aspekte auf, die in der Argumentation bedacht werden müssen. Es wird perspektivisch erörtert, an welcher Stelle die Grenzen der Untersuchung erreicht sind und was über sie hinausgeht. Anschließend werden die Ergebnisse unter Berücksichtigung der aufgezeigten Problematik diskutiert.

Zunächst gilt es festzuhalten, dass keine quantitative Untersuchung vor Schwachstellen gefeit ist. So kann auch hier kritisiert werden, dass sich möglicherweise vermehrt Familien, die sich mit der Thematik der Computer- und Internetnutzung im Rahmen der Familie auseinandersetzen und Interesse an diesem Feld zeigen, zur Studienteilnahme bereit erklärten. Dieser Einwand gilt jedoch für beinah alle Befragungen und kann niemals gänzlich ausgeschlossen werden. Rosenkranz (2012) wendet entsprechend ein, „dass die meisten Befragten einem Pool von Personen angehören, die grundsätzlich bereit sind, an Meinungsforschungsbefragungen zu unterschiedlichsten Themen teilzunehmen. Man kann also davon ausgehen, dass mögliche Ausfälle themenunabhängig und somit tendenziell zufällig sind" (Rosenkranz 2012: 153). Ebenso wenig kann man ausschließen, dass bestimmte Personengruppen sich aufgrund genereller Ablehnung, Desinteresse, Unwissen oder sonstigen Gründen einer Erfassung partiell entziehen (vgl. ebd.). Einer vermehrten Studienteilnahme durch entsprechend problembehaftete Familien wurde durch die Form der ersten Kontaktaufnahme entgegengewirkt; es wurde ein generelles Interesse an der kindlichen Mediennutzung intendiert, der Fokus auf eine diesbezügliche Problematik wurde erst in den Interviews deutlich (vgl. ebd.).

Bezüglich des Schichtbegriffes ist anzuführen, dass dieser in der Sozialstrukturanalyse kontrovers diskutiert wird (vgl. Hirschhäuser et al. 2012: 46) und sich in der öffentlichen Diskussion scharfer Kritik ausgesetzt sieht (vgl. Chassé 2010). Dies geschieht nicht zuletzt aufgrund der negativen Konnotation eines in der Konzeption einst neutralen Begriffes wie Unterschicht. Weitaus differenziertere Modelle sind bspw. soziale Milieus. Sie fassen Gruppen Gleichgesinnter zusammen und werden im Kern durch tiefsitzende psychische Dispositionen definiert (z.B. Wertehaltung, Prinzipien der Lebensgestaltung, Beziehungen zu Mitmenschen oder Mentalitäten; vgl. Hradil 2006: 4). Ihrer Konzeption ging die Annahme voraus, die westliche Welt der Postmoderne sei in ihrer Differenziertheit durch die beschleunigte Individualisierung nicht mehr in fünf Schichten fassbar (vgl. Barth/Flaig 2013: 13). Ein Boom von Milieustudien in den 1980er Jahren war die Folge, die den Schwerpunkt verstärkt auf Denkens- und Verhaltensmuster legte, „die der Erwerbsarbeit eher fernstehen“ (Hradil 2006: 4). Der Soziologe Gerhard Schulze z.B. unterscheidet in seinem Konzept der Erlebnisgesellschaft fünf sich nach ihren existenziellen Problemdefinitionen und ihren Entwicklungsperspektiven unterscheidende Milieus; das Niveaumilieu, das Harmoniemilieu, das Integrationsmilieu, das Selbstverwirklichungsmilieu und das Unterhaltungsmilieu. Darüber hinaus lassen sich milieuspezifische Varianten, die Stiltypen, festmachen (vgl. Süss 2004: 36). Soziale Milieus und soziale Schichtbetrachtungen sind einander jedoch nicht konträr. Vielmehr werden Milieus und soziale Lage mittlerweile als zusammenhängende Konstrukte betrachtet, wie an der Einteilung in Unterschicht-, Mittelschicht- und Oberschichtmilieus erkennbar wird (vgl. Hradil 2006: 7). Man mag erahnen, welch hohe Differenzierung solchen milieuspezifischen Instrumenten zuteil wird. Dies ist jedoch nicht zwingend durchweg positiv. Vor allem bei Online-Umfragen z.B. kann eine geringere Rücklaufquote die Folge langer, umfassender Fragebögen sein. In dem Forschungskontext der EXIF-Studie schien der Herkunftsschicht-Index (World Vision Deutschland e.V. 2010) zur Einteilung der Familien besonders geeignet, da das Messinstrument auch kulturelle Aspekte des Konstrukts des sozioökonomischen Status beinhaltet (vgl. Hirschhäuser et al. 2012: 46). Letztlich bedienen sich viele empirische Studien auch im Interesse guter Vergleichbarkeit weiterhin des Schichtbegriffes (vgl. Süss 2004: 92). An dieser Stelle sei erneut darauf hingewiesen, dass hier wie auch in anderen wissenschaftlichen Arbeiten die verwendeten Begriffe wie Unterschicht jedweder Konnotation entbehren.

Die vorliegende Arbeit geht verstärkt auf die Eltern-Kind-Beziehung ein und diskutiert die vielschichtige Reziprozität des Familienklimas. In Kapitel 5.1.1.3 wurde bereits kurz angerissen, dass das hier verwendete Instrument zu Erfassung und Messung des Familienklimas lediglich eine Einordnung in „unauffällig“ und „problematisch“ zulässt; eine entsprechende Verortung leisten die Familienbögen nicht. Eine Richtungsaussage, ob es sich bei einer Dysfunktionalität bspw. um ein überhöhtes, abnormales Maß an Nähe oder an Abneigung handelt, bleibt also verwehrt (vgl. Cierpka/Frevert 1994: 46f). Zwar korrelieren sowohl Überbehütung als auch Vernachlässigung mit vermehrter Internetnutzung (vgl. Siomos et al. 2012), dennoch wäre weitere, detailliertere Forschung in diesem Bereich unter Einbezug differenzierterer Instrumente aufschlussreich und wünschenswert. Wie ebenfalls in Kapitel 5.1.1.3 aufgeführt, liegen darüber hinaus für die Skalen „Aufgabenerfüllung“, „Affektive Beziehungsaufnahme“ und „Kontrolle“ der Familienbögen Cronbachs-α-Werte von $<.50$ vor und weisen somit eine unbefriedigende interne Konsistenz auf. Da hier jedoch nur mit den Summenwerten operiert wurde, kann dieser Kritikpunkt vernachlässigt werden.

Kapitel 3.6 erörtert die nicht zu unterschätzenden Unterschiede zwischen Langzeitarbeitslosigkeit und einer Arbeitslosigkeit als Art vorübergehendem Zustand.

Der Erwerbsstatus als solches lässt wenig Schlüsse auf das dahinter liegende Komplex zu. Unter der Hypothese 4b wurde die Modifikation des Einflusses des sozioökonomischen Status auf die Medienerziehung unter statistischer Kontrolle des Familienklimas, nicht jedoch des elterlichen Erwerbsstatus untersucht. Da im Hinblick auf die Erwerbslosigkeit die Daten lediglich eine Aussage darüber zulassen, ob man einer Beschäftigung nachgeht oder nicht, und weder Ursache oder Dauer der Erwerbslosigkeit noch sonstige Befindlichkeiten, die in Beziehung dazu stehen, in dieser Erhebung erfasst wurden, erscheint auch die Untersuchung des Einflusses auf die (Medien-)erziehung wenig sinnvoll (möglicherweise ist auch der überraschend schwache Zusammenhang von elterlichem Erwerbsstatus und Familienklima aus Kapitel 6.1.3 partiell hierauf zurückzuführen). Es ist nicht davon auszugehen, dass das Erziehungshandeln und die verfolgten -prinzipien sich bei kurzfristigem Arbeitsverlust unmittelbar, grundlegend und nachhaltig ändern. Im Sinne einer gehaltvollen Aussageproduktion wurde in der vorliegenden Untersuchung aus den genannten Gründen darauf verzichtet, den Einfluss des Erwerbsstatus auf die Medienerziehung zu untersuchen. Darüber hinaus zeigt der Blick auf das Item, dass wie bereits erwähnt, die Angaben zur Erwerbstätigkeit nur auf das jeweils befragte Elternteil rekurrieren. Ob der Lebenspartner (sofern vorhanden) einer Beschäftigung nachgeht, wird nicht erfasst. Ebenso ist auf den hohen Frauenanteil der Befragten hinzuweisen. Eine geschlechtsspezifische Verzerrung kann somit nicht ausgeschlossen werden.[66] Das Problem dieser Variable spiegelt sich auch in den bivariaten Untersuchungen wider, die einen vergleichsweise moderaten Einfluss auf die pathologische Internetnutzung nachwiesen; Durkee und Kaess et al. (2012) hingegen charakterisierten den Erwerbsstatus in ihrer Untersuchung als einen der einflussreichsten Prädiktoren (vgl. Durkee/Kaess et al. 2012: 2219). Wie die Ergebnissicherung zeigt, kann das hier nicht bestätigt werden. Unter der Prämisse einer differenzierteren Datenlage bezüglich der genannten Kriterien wäre eine Überprüfung von Erwerbslosigkeit auf das medienerzieherische Handeln jedoch durchaus sinnvoll.

In Anlehnung an die Theorie verwundert der Befund des multivariaten Modells aus Kapitel 6.2.2 hinsichtlich der Beeinflussung der aktiven Medienbegleitung durch das Familienklima. Betrachtet man jedoch die Einzelitems der Skala (Kap. 5.1.1.4), fällt auf, dass es sich um Selbsteinschätzungen handelt. Mit dem Item zu einer altersadäquaten Medienbegleitung („Ich versuche, die Computer-, Internet- oder Spielkonsolennutzung meines Kindes so zu begleiten, dass diese altersgerecht ist")

66 Im Rahmen der Itemkonstruktion mit den Ausprägungen „erwerbstätig" und „erwerbslos" (Kap. 6.1.2) wurde jedoch versucht, dieser Verzerrung entgegenzuwirken, indem die Angabe „Hausfrau/-mann" der Ausprägung „erwerbstätig" zugeordnet wurde. Man kann annehmen, dass diese Angabe nur gemacht wird, wenn der jeweils andere Partner einer Beschäftigung nachgeht. Untermauert wird diese Annahme durch die sich aus der Stichprobe ergebende Arbeitslosenquote, die dem bundesdeutschen Durchschnitt zum Erhebungszeitraum 2011 entspricht.

bspw. ist keine Aussage darüber getätigt, ob dies auch tatsächlich zutrifft und durchgesetzt wird. Es wäre demnach nicht zwingend eine Falschaussage, gäbe der befragte Elternteil an, er versuche es, auch wenn es ihm nicht gelänge. Vor diesem Hintergrund ist denkbar, dass Eltern von Familien, deren Klima Schwächen aufweist, dieser Aussage („Ich versuche...“) zustimmen, auch wenn keine altersadäquate Medienbegleitung im pädagogischen Sinne stattfindet. Ähnlich verhält es sich mit dem Item „Ich versuche meinem Kind die Beschäftigung mit bestimmten Medieninhalten nahe zulegen“. Darüber hinaus kann nicht gewährleistet werden, dass die Eltern über das nötige Wissen zur Beurteilung einer guten altersadäquaten Medienbegleitung verfügen. Diese Problematik zeigt sich auch hinsichtlich der Skala *Elterliche Medienkompetenz*. Sowohl das bivariate als auch das multivariate Modell zeigten zwar einen höchstsignifikanten bzw. signifikanten Zusammenhang zwischen der Sozialschichtzugehörigkeit und der Medienkompetenz auf, jedoch überrascht das moderate Odds Ratio beim bivariaten Modell und die Senkung der Signifikanz bei der multivariaten Regressionsanalyse. Wie in Kapitel 5.1.1.4 gezeigt, setzt sich die Skala aus folgenden Einzelitems zusammen: „Mein Kind kennt sich mit dem Computer und Internet besser aus als ich“, „Ich fühle mich im Umgang mit Computer und Internet kompetent“ und „Ich fühle mich bei der Regulierung der Computer-, Internet- oder Spielkonsolennutzung meines Kindes unsicherer als in anderen Erziehungsbereichen“. Wie in der Ergebnissicherung bereits kurz ergründet, ist durch diese Items die Erfassung der tatsächlichen Medienkompetenz nicht gesichert, da es sich erneut um Selbsteinschätzungen handelt. Es wäre denkbar, dass die Befragten den Aussagen guten Gewissens zustimmten, ihnen jedoch möglicherweise die nötige Kenntnis und das Wissen zur korrekten Einschätzung der eigenen Kompetenzen fehlt. Eine Überschätzung der eigenen Fähigkeiten und somit eine Verzerrung der Daten kann nicht ausgeschlossen werden. Ähnliche Kritik gilt auch für das elterliche Medienvorbild. Auch dieses Item („Im Alltag versuche ich in Bezug auf die Mediennutzung ein gutes Vorbild zu sein“) erfasst lediglich, ob die Eltern *versuchen*, im Alltag ein gutes Vorbild zu sein. Was darunter zu verstehen ist, ob die Einschätzung der Eltern dem entspricht und ob es ihnen tatsächlich gelingt, wird hier nicht hinreichend erfasst. In diesem Zusammenhang ist auf die Auswertungen der qualitativen Gruppendiskussionen der EXIF-Studie zu verweisen. Diese zeigten, dass Eltern lediglich zwischen einer Nutzung und einer Nichtnutzung unterscheiden (vgl. Schwinge 2012: 74) und sich der Relevanz und des Einflusses ihrer Vorbildrolle häufig nicht bewusst sind (vgl. ebd.; vgl. Kap. 3.3.1). Es ist demnach davon auszugehen, dass nicht alle Eltern verlässlich einschätzen konnten, was ein gutes Vorbild ausmacht. Dies rührt nicht zuletzt auch von fehlender Medienkompetenz.

7.4. Fazit und Ausblick

Die Ergebnisse der vorliegenden Arbeit zeigen die Eckpunkte auf, die als Ansatz für Präventions- und Interventionsmaßnahmen berücksichtigt werden sollten. Demnach hat die Betrachtung der Familie als System oberste Priorität. Maßnahmen sind nicht auf den betroffenen oder gefährdeten Jugendlichen allein zu richten. Die Effektivität dieser Programme kann wahrscheinlich gesteigert werden, wenn der Jugendliche in seiner familialen Situation als Teil eines Ganzen verstanden wird und die Eltern mit einbezogen werden. Es sollte weniger nur das Medium und das ihm immanente Suchtpotential fokussiert, sondern die familiale Atmosphäre und das Medium als Sozialisationsinstanz mit einer Rolle im System Familie betrachtet werden. Kommunikationstrainings und Maßnahmen zur Stärkung der innerfamilialen Beziehungen im Rahmen adoleszenztypischer Familienentwicklungsaufgaben bedürften stärkerer Berücksichtigung. Dies ist der Hauptansatz, den es losgelöst von den Sozialschichten primär zu verfolgen gilt. Das Hauptaugenmerk ist jedoch auf niedrigere Schichten zu richten und Maßnahmen zu etablieren, die spezifisch sozial schwächere Familien erreichen. Hier sollte sich neben dem Familienklima ebenso auf eine Förderung der elterlichen Medienkompetenz und Medienerziehung konzentriert werden. Unter Berücksichtigung der zunehmenden häuslichen Bearbeitung schulischer Aufgaben mittels Computer und Internet und der Tatsache, dass allein die Bewerbung für Beruf oder Studium ohne mediale Fähigkeiten undenkbar geworden ist, liegen die Konsequenzen eines Medienkompetenzmangels auf der Hand. Die Integration medienkompetenzfördernder Unterrichtseinheiten in die Lehrpläne ist bisher eher mäßig (vgl. Kammerl/Ostermann 2010). Somit kann angenommen werden, dass Medien in gewissem Maße zur Reproduktion sozialer Ungleichheit beitragen (vgl. Lenz/Zilien 2005: 244) und den Effekt der sozialen Herkunft auf die Bildungschancen verstärken. Diese Ausgangslage verschärft die bildungspolitische Relevanz schulischer Medienkompetenzförderung im Sinne des Bildungsauftrages. Wie in Kapitel 3.4 deutlich wird, weist sowohl der Zugang zu Büchern als auch die Lesefreudigkeit eine schichtspezifisch ungleiche Verteilung auf (vgl. MPFS 2011: 28).[67] Wie PISA diagnostizierte, hat das deutsche Bildungssystem auch hinsichtlich der Lesekompetenz, die maßgeblich von der Beschaffenheit und Hinwendung des Elternhauses zu Literalität bestimmt wird, versäumt, die bestehenden Defizite bei sozial schwächeren Schülern auszugleichen (vgl. Ehmke 2010: 246f). Dieser Befund gekoppelt mit einer Interpretation der unterdurchschnittlichen Leistungen „als mangelnde Begabung und/oder Leistung(sbereitschaft)“ (Kammerl/King 2010: 58) gibt Anlass zu der vielfach geführten Debatte einer Reproduktion sozialer Ungleichheit durch das deutsche Bildungssystem und ein Verkennen

67 Dies kann einerseits auf den geschmälerten häuslichen Bücherbestand, andererseits auf das verminderte Interesse und verbunden damit auf die elterliche Vorbildrolle zurückgeführt werden.

der Sachlage und ihrer Brisanz. Die Etablierung medienkompetenzfördernder Unterrichtseinheiten in der Schule stellt sich somit in der heutigen Zeit als unabdingbar heraus, die Sachlage macht aber auch die Notwendigkeit einer Förderung elterlicher Medienkompetenz umso bedeutender. Unabhängig von einer pathologischen Nutzung durch die jugendlichen Kinder ist einer Verschärfung der sozialen Vererbung von Bildungschancen durch Medien entgegenzuwirken. Hier wird auch deutlich, dass Betroffene pathologischer Internetnutzung anderer Hilfsmaßnahmen bedürfen als bei substanzgebundenen Süchten. Medienkompetenz ist die Schlüsselkompetenz der heutigen Bildungs- und Berufswelt. Abstinenz vom „Suchtmittel" ist in diesem Fall ausgeschlossen, in etwa vergleichbar mit bestimmten Essstörungen. Computer, Internet und Medien allgemein werden den Jugendlichen auch weiterhin in Schule, Beruf, Alltag und sozialem Leben begleiten, da sie ein unverzichtbarer Teil unserer Lebens- und Berufswelt geworden sind.

Das Forschungsfeld wird sowohl durch die Mannigfaltigkeit des Internets als auch seiner Zugangsmöglichkeiten hochkomplex. Es gibt eine Vielzahl von Bereichen, die für sich allein ein eigenes Forschungsfeld einnehmen könnten, wie z.B. soziale Netzwerke, allen voran facebook®, und die damit verbundenen Veränderungen auf sozialer und psychischer Ebene. Auch kriminelle Energien, die etwa in Form von Cyber Bullying oder Happy Slapping ausgelebt werden und bereits eine Reaktion der Justiz forciert haben, oder politische Bewegungen erfahren durch das Internet eine Strukturveränderung, aus der sich andere und neue Möglichkeiten ergeben. Der Forschung ist ein Schritthalten mit der Entwicklungsgeschwindigkeit der Technologie auferlegt, das nur schwer zu erfüllen ist.

All die hier aufgeführten Überlegungen präventiver oder intervenierender Maßnahmen setzen voraus, dass betroffene Eltern das Problem erkennen, ernst nehmen, die Lage einschätzen können und letztendlich auch Hilfe wünschen und in Anspruch nehmen. Eine externe Evaluation der Hilfsprogramme wäre in diesem Zusammenhang ein wichtiger Schritt. Darüber hinaus ist weitere Forschung in diesem Bereich unabdingbar. Die oben angeführte Kritik der vorliegenden Untersuchung weist auf viele offene Fragen hin, die es zu beantworten und tiefgreifender zu erforschen gilt. Groß angelegte Längsschnittstudien zu Genese und Verlauf pathologischer Internetnutzung sind von entscheidender Bedeutsamkeit. Die besten Erkenntnisse sind jedoch nur so effektiv wie ihre Umsetzung in der Praxis es zulässt; ein wichtiger Faktor ist demnach die politische Reaktion auf die produzierten wissenschaftlichen Antworten als Basis für eine gesellschaftliche Implementierung.

Literatur

Albisser, S./Buschor, C.B. (Hrsg.) (2011): Sozialisation und Entwicklungsaufgaben Heranwachsender. Baltmannsweiler: Schneider Verlag Hohengehren

Allert, T. (1998): Die Familie. Fallstudien zur Unverwüstlichkeit einer Lebensform. Berlin: de Gruyter

American Psychiatric Association: Diagnostic and Statistical Manual of Mental Disorders (DSM) (2012), fünfte Version (http://www.dsm5.org/Pages/Default.aspx [Zugriff: 12.Dezember 2012]) (http://www.dsm5.org/ProposedRevision/Pages/proposedrevision.aspx?rid=573# [Zugriff: 12.Dezember 2012])

Backhaus, K./Erichson, B./Plinke, W./Weiber, R. (2011): Multivariate Analysemethoden. Eine anwendungsorientierte Einführung. Berlin: Springer

Baier, D./Rehbein, F. (2009): Computerspielabhängigkeit im Jugendalter. In: Tully, C. (2009): 139-156

Baier, D./Rehbein, F. (2010): Computerspielabhängigkeit bei Jugendlichen. Erkenntnisse einer deutschlandweiten Repräsentativbefragung. In: Dittler/Hoyer (2010): 243-266

Barth, B./Flaig, B.B. (2013): Was sind Sinus-Milieus®? Eine Einführung in die sozialwissenschaftliche Fundierung und Praxisrelevanz eines Gesellschaftsmodells. In: Thomas/Calmbach (2013): 11-36

Benninghoven, D./Cierpka, M./Thomas, V. (2008): Überblick über familiendiagnostische Fragebogeninventare. In: Cierpka (2008): 427-446

Bortz, J./Schuster, C. (2010): Statistik für Human- und Sozialwissenschaftler. Berlin: Springer

Bos, W./Hornberg, S./Arnold, K.-H./Faust, G./Fried, L./Lankes, E.-M./Schwippert, K./Valtin, R. (Hrsg.) (2007): IGLU 2006. Lesekompetenzen von Grundschulkindern in Deutschland im internationalen Vergleich. Münster: Waxmann

Bos, W./Schwippert, K./Stubbe, T. C. (2007): Die Koppelung von sozialer Herkunft und Schülerleistung im internationalen Vergleich. In: Bos et al. (2007): 225-248

Bowlby, J. (2009): Bindung: Historische Wurzeln, historische Konzepte und klinische Relevanz. In: Spangler/Zimmermann (2009): 17-26

Bronfenbrenner, U. (1981): Die Ökologie der menschlichen Entwicklung. Natürliche und geplante Experimente. Stuttgart: Klett-Cotta

Bundesagentur für Arbeit (2013): Arbeitslosigkeit im Zeitverlauf 12/2011. Nürnberg (http://statistik.arbeitsagentur.de/Navigation/Statistik/Statistik-nach-Themen/Zeitreihen/zu-den-Produkten-Nav.html [Zugriff: 24.Januar 2013])

Bundesministerium der Justiz (2002): Jugendschutzgesetz (JuSchG) (http://www.gesetze-im-internet.de/bundesrecht/juschg/gesamt.pdf [Zugriff: 19.August 2013])

Bundesministerium der Justiz (1990): Sozialgesetzbuch (SGB) – Achtes Buch (VIII) – Kinder- und Jugendhilfe (http://www.gesetze-im-internet.de/sgb_8/index.html [Zugriff: 19.August 2013])

Bundesministerium für Familie und Senioren (Hrsg.) (1994): Familien und Familienpolitik im geeinten Deutschland – Zukunft des Humanvermögens. Fünfter Familienbericht. Bonn: Universitäts-Buchdruckerei

Bundeszentrale für gesundheitliche Aufklärung: Kampagne „Alkohol? Kenn Dein Limit" (http://www.kenn-dein-limit.info/ [Zugriff: 22.März 2013])

Bundeszentrale für gesundheitliche Aufklärung: Dachkampagne „Gib AIDS keine Chance" (http://www.gib-aids-keine-chance.de/ [Zugriff: 22.März 2013])

Bundeszentrale für gesundheitliche Aufklärung: Kampagne „Ins-netz-gehen. Online sein mit Maß und Spaß" (http://www.ins-netz- gehen.de/ [Zugriff 21.März 2013])

Bundeszentrale für gesundheitliche Aufklärung: Kampagne „rauchfrei" (http://www.rauch-frei.info/; [Zugriff: 22.März 2013])

Burkart, G. (2008): Familiensoziologie. Konstanz: UVK Verlagsgesellschaft mbH

Charlton, J. P./Danforth, I. D. W. (2007): Distinguishing addiction and high engagement in the context of online game playing. In: Computers in Human Behavior 23. 3. 1531-1548

Charvoz, L./Bodenmann, G./Hermann, E. (2002): Die Bedeutung der Familie für den Konsum psychotroper Substanzen bei Jugendlichen. In: Kindheit und Entwicklung 11. 1. 14-20

Chassé, K.A. (2010): Unterschichten in Deutschland. Materialien zu einer kritischen Debatte. Wiesbaden: VS Verlag für Sozialwissenschaften

Cierpka, M./Frevert, G. (1994): Die Familienbögen. Ein Inventar zur Einschätzung von Familienfunktionen. Göttingen: Hofgrefe

Cierpka, M. (Hrsg.) (2008): Handbuch der Familiendiagnostik. Heidelberg: Springer

Cierpka, M. (2008): Das Drei-Ebenen-Modell in der Familiendiagnostik. In: Cierpka (2008): 25-41

Cleff, T. (2008): Deskriptive Statistik und moderne Datenanalyse. Eine computergestützte Einführung mit Excel, SPSS und STATA. Wiesbaden: Betriebswirtschaftlicher Verlag Dr. Th. Gabler

Cleppien, G./Lerche, U. (Hrsg.) (2010): Soziale Arbeit und Medien. Wiesbaden: VS Verlag für Sozialwissenschaften

ComputerSpielSchule Leipzig (http://www.uni-leipzig.de/~compsp/Csl/index.html [Zugriff: 21.März 2013])

Davis, R.A. (2001): A cognitive.behavioral model of pathological Internet use. In: Computers in Human Behavior 17. 2. 187-195

DeVellis, R.F. (1991): Scale development: Theory and spplications. Newbury Park, CA: Sage Publications

Deutsches Institut für Medizinische Dokumentation und Information (DIMDI) (Hrsg.) (2012): ICD-10-GM. Kapitel V. Psychische und Verhaltensstörungen (http://www.dimdi.de/static/de/klassi/icd-10-gm/ [Zugriff: 19.August 2013])

Dittler, U./Hoyer, M. (Hrsg.) (2010): Zwischen Kompetenzerwerb und Mediensucht. Chancen und Gefahren des Aufwachsens in digitalen Erlebniswelten aus medienpsychologischer und medienpädagogischer Sicht. München: Kopaed

Durkee, T./Kaess, M./Carli, V./Parzer, P./Wasserman, C./Floderus, B./Apter, A./Balazs, J./Barzilay, S./Bobes, J./Brunner, R./Corcoran, P./Cosman, D./Cotter, P./Despalins, R./Graber, N./Guillemin, F./Haring, C./Kahn, J.-P./Mandelli, L./Marusic, D./Mészáros, G./Musa, G. J./Postuvan, V./Resch, F./Saiz, P. A./Sisask, M./Varnik, A./Sarchiapone, M./Hoven, C. W./Wasserman, D. (2012): Prevalence of pathological internet use among adolescents in Europe: demographic and social factors. In: Addiction 107. 12. 2210-2222

Durkheim, É. (1972): Erziehung und Soziologie. Düsseldorf: Schwann

Durkheim, É. (1973): Erziehung, Moral und Gesellschaft. Neuwied: Luchterhand

Ecarius, J./Eulenbach, M. (Hrsg.) (2012): Jugend und Differenz. Aktuelle Debatten der Jugendforschung. Wiesbaden: VS Verlag für Sozialwissenschaften

Ecarius, J./Köbel, N./Wahl, K. (2011): Familie, Erziehung und Sozialisation. Wiesbaden: VS Verlag für Sozialwissenschaften

Ecarius, J. (Hrsg.) (2007): Handbuch Familie. Wiesbaden: VS Verlag für Sozialwissenschaften

Ehmke, T./Jude, N. (2010): Soziale Herkunft und Kompetenzerwerb. In: Klieme et al. (2010): 231-254

Eulenbach, M. (2012): Medien im Jugendalter: Zwischen kultureller Freisetzung, struktureller Beschränkung und kommerziellen Programmstrukturen. In: Ecarius/Eulenbach (2012): 183-212

Fachverband Medienabhängigkeit e.V (http://www.fv-medienabhaengigkeit.de/ [Zugriff 21. März 2013])

Fend, H. (2005): Entwicklungspsychologie des Jugendalters. Wiesbaden: VS Verlag für Sozialwissenschaften

Fritz, K./Sting, S./Vollbrecht, R. (Hrsg.) (2003): Mediensozialisation. Pädagogische Perspektiven des Aufwachsens in Medienwelten. Opladen: Leske+Budrich

Ganguin, S./Hoffmann, B. (Hrsg.) (2010): Digitale Spielkultur. München: Kopaed

Gehrke, G. (Hrsg.) (2004): Digitale Teilung – Digitale Integration. Perspektiven der Internetnutzung. München: Kopaed

Gensicke, T. (2010): Wertorientierungen, Befinden und Problembewältigung. In: Shell Deutschland Holding (2010): 187-242

Gentile, D. A./Choo, H./Liau, A./Sim, T./Li, D./Fung, D./Khoo, A. (2011): Pathological video game use among youth: a two-year longitudinal study. In: Pediatrics 127. 2. e319-e329

Gerhard, A.-K. (2005): Autonomie und Nähe. Individuationsentwicklung Jugendlicher im Spiegel familiärer Interaktion. Weinheim: Juventa

Geserick, C. (2005): Neue Medien im familialen Kontext. Eine Recherche zu Studienergebnissen im Zusammenhang mit Nutzung, Chancen und Herausforderungen im Familienalltag. In: Österreichisches Institut für Familienforschung (Hrsg.): Working Papers Nr. 47. Universität Wien

Gloger-Tippelt, G. (2007): Eltern-Kind- und Geschwisterbeziehung. In: Ecarius (2007): 157-178

Greenfield, P. M. (2009): Technology and Informal Education: What Is Taught, What Is Learned. In: Science 323. 5910. 69-71

Griese, H.M. (1987): Sozialwissenschaftliche Jugendtheorien. Eine Einführung. Weinheim: Beltz

Grohol, J. M.: Internet addiction guide. Psych Central 2012 (http://psychcentral.com/ netaddiction/ [Zugriff: 05.Dezember 2012])

Grotevant, H.D./Cooper, C.R. (Hrsg.) (1983): Adolescent development in the family: New directions for child development. San Francisco: Jossey-Bass

Grüsser, S.M./Rosemeier, H.P. (2004): Exzessive, belohnende Verhaltensweisen oder stoffungebundene Sucht? In: psychomed. Zeitschrift für Psychologie und Medizin 16. 3. 132-135

Grüsser, S. M./Thalemann, R./Albrecht, U./Thalemann, C. N. (2005): Exzessive Computernutzung im Kindesalter - Ergebnisse einer psychometrischen Erhebung. In: Wiener Klinische Wochenschrift 117. 5-6. 188-195

Grüsser, S. M./Thalemann, R./Griffiths, M. D. (2007): Excessive computer game playing: evidence for addiction and aggression? In: CyberPsychology & Behavior 10. 2. 290-292

Haddon, L./Livingstone, S./EU Kids Online network (Hrsg.) (2012): EU Kids Online: National perspectives. London

Hahn, A./Jerusalem, M. (2001): Internetsucht: Jugendliche gefangen im Netz. In: Raithel (2001): 279–293

Hein, S. (2012a): Resümee und Ausblick. In: Kammerl et al. (2012): 165-178

Hein, S. (2012b): Kinder- und Jugendmedienschutz. In: Horn et al. (2012): 188-190

Hein, S./Hirschhäuser, L. (2012): Das medienerzieherische Handeln in Familien mit Jugendlichen. In: Kammerl et al. (2012): 21-28

Heintze, I. (2002): Determinanten des Familienklimas unter besonderer Berücksichtigung sozialökologischer Kontextfaktoren. In: Zeitschrift für Familienforschung 14. 3. 272-294

Herrmann, U. (1997): Familie. In: Wulf (1997): 307-314

Hill, P.B./ Kopp, J. (2006): Familiensoziologie. Grundlagen und theoretische Perspektiven. Wiesbaden: VS Verlag für Sozialwissenschaften

Hirschhäuser, L. (2012): Exzessive bis pathologische Mediennutzung in Familien aus Sicht von Experten. In: Kammerl et al. (2012.): 84-111

Hirschhäuser, L./Rosenkranz, M./Kammerl, R. (2012): Diskussion und Interpretation. In: Kammerl et al. (2012): 155-164

Hirschhäuser, L./Rosenkranz, M./Schwinge, C./Wartberg, L. (2012): Methodik. In: Kammerl et al. (2012): 40-50

Hölscher, B. (2008): Sozialisation, Sozialisationskontexte, schichtspezifische Sozialisation. In: Willems (2008): 747-772

Hofer, M./Klein-Allermann, E./Noack, P. (Hrsg.) (1992): Familienbeziehungen. Eltern und Kinder in der Entwicklung. Ein Lehrbuch. Göttingen: Hofgrefe

Hofer, M (1992a): Familienbeziehungen in der Entwicklung. In: Hofer et al. (1992): 3-26

Hofer, M. (1992b): Familie und Arbeit. In: Hofer et al. (1992): 55-81

Hofer, M./Wild, P./Noack, P. (Hrsg.) (2002): Lehrbuch Familienbeziehungen. Eltern und Kinder in der Entwicklung. Göttingen: Hofgrefe

Hofer, M. (2002): Familienbeziehungen in der Entwicklung. In: Hofer et al. (2002): 4-26

Hofer, M./Pikowsky, B. (2002): Familien mit Jugendlichen. In: Hofer et al. (2002): 241-264

Hoffmann, D./Mikos, L. (Hrsg.) (2010): Mediensozialisationstheorien. Modelle und Anätze in der Diskussion. Wiesbaden: VS Verlag für Sozialwissenschaften

Hoffmann, D./Mikos, L. (2010): Warum dieses Buch? Einige einführende Bemerkungen. In: Hoffmann/Mikos (2010): 7-10

Hopf, C. (2005): Frühe Bindungen und Sozialisation. Eine Einführung. Weinheim: Juventa

Horn, K.-P./ Kemnitz, H./ Marotzki, W./ Sandfuchs, U. (Hrsg.) (2012): Klinkhardt Lexikon Erziehungswissenschaft (KLE), Fachgebiet Medienpädagogik. Bad Heilbrunn: UTB/Klinkhardt

Hradil, S. (2001): Soziale Ungleichheit in Deutschland. Opladen: Leske+Budrich

Hradil S. (2006): Soziale Milieus – eine praxisorientierte Forschungsperspektive. In: APuZ. Aus Politik und Zeitgeschichte 2006. 44-45. 3-10

Hradil, S./Masson, S. (2008): Familie und Sozialstruktur. In: Schneider (2008): 197-217

Huinink, J./Strohmeier, K.P., Wagner, M. (Hrsg.) (2001): Solidarität in Partnerschaft und Familie. Zum Stand familiensoziologischer Theoriebildung. Würzburg: Ergon

Hurrelmann, K. (1993): Einführung in die Sozialisationstheorie. Über den Zusammenhang von Sozialstruktur und Persönlichkeit. Weinheim: Beltz

Hurrelmann, K./Ulich, D. (Hrsg.) (1998): Handbuch der Sozialisationsforschung. Studienausgabe. Weinheim: Beltz

Hurrelmann, K. (2004): Lebensphase Jugend. Eine Einführung in die sozialwissenschaftliche Jugendforschung. Weinheim: Juventa

Hurrelmann, K. (2006): Einführung in die Sozialisationstheorie. Weinheim: Beltz Studium

Hurrelmann, K./Quenzel, G. (2012): Lebensphase Jugend. Eine Einführung in die sozialwissenschaftliche Jugendforschung. Weinheim: Beltz Juventa

Hwang, S.-K. (2001): Soziallage, Sozialisationsmilieu, familiale Sozialisation und kindliche Entwicklung. Zur Weiterentwicklung der sozialstrukturellen Sozialisationsforschung. Universität Bielefeld, Diss.

Initiative D21 e.V. (2012): (N)ONLINER Atlas 2012. Basiszahlen für Deutschland. Eine Topographie des digitalen Grabens durch Deutschland. Nutzung und Nichtnutzung des Internets, Strukturen und regionale Verteilung (http://www.initiatived21.de/wp-content/uploads/2012/06/NONLI INER-Atlas-2012-Basiszahlen-für-Deutschland.pdf [Zugriff: 08.November 2012])

Iske, S./Klein, A./Kutscher, N. (2004): Nutzungsdifferenz als Indikator für soziale Ungleichheit im Internet. In: kommunikation@gesellschaft. Journal für alte und neue Medien aus soziologischer, anthropologischer und kommunikationswissenschaftlicher Perspektive 5. 3. (http://www.soz. uni-frankfurt.de/K.G/B3_ 2004_Iske_Klein_Kutscher.pdf [Zugriff: 08.November 2012])

Jäckel, M. (Hrsg.) (2005): Mediensoziologie. Grundlagen und Forschungsfelder. Wiesbaden: VS Verlag für Sozialwissenschaften

Jäger, R. S./Moormann, N./Fluck, L. (2008): Merkmale pathologischer Computerspielnutzung im Kindes- und Jugendalter. Zentrum für empirische pädagogische Forschung (zepf) der Universität Koblenz-Landau.

Kammerl, R. (2010): Computerspielnutzung als Herausforderung und Aufgabe der Suchtprävention und Medienpädagogik. In: Ganguin/Hoffmann (2010): 21-27

Kammerl, R/Luca, R./Hein, S. (Hrsg.) (2011): Keine Bildung ohne Medien! Neue Medien als pädagogische Herausforderung. Berlin: Vistas

Kammerl, R. (2011a): Medien als Erzieher in den Familien? Medienerziehung in den Familien. In: Kammerl et al. (2011): 181-193

Kammerl, R. (2011b): Schulische und außerschulische Sozialisation: Mediensozialisation in einer zunehmend mediatisierten Welt. In: Witte/Doll (2011): 77-96

Kammerl, R./King, V. (2010): Bildung, Sozialisation und soziale Ungleichheiten: Welche Rolle spielen die Medien? In: Theunert (2010): 49-64

Kammerl, R./Hirschhäuser, L./Rosenkranz, M./Schwinge, C./Hein, S./Wartberg, L./Petersen, K.U. (Hrsg.) (2012): EXIF – Exzessive Internetnutzung in Familien. Lengerich: Pabst Science Publishers

Kammerl, R./Hirschhäuser, L./Rosenkranz, M./Schwinge, C./Hein, S./Wartberg, L./Petersen, K.U. (2012): Anhang zum Forschungsprojekt: EXIF – Exzessive Internetnutzung in Familien. Zusammenhänge zwischen der exzessiven Computer- und Internetnutzung Jugendlicher und dem (medien-)erzieherischen Handeln in deren Familien. Hamburg (http://www.epb.uni-hamburg.de/files /Anhang_EXIF.pdf [Zugriff: 03.April 2013])

Kammerl, R./Hirschhäuser, L./Wartberg, L. (2012): Exzessive Computer- und Internetnutzung als Suchtthematik. In: Kammerl et al. (2012): 29-38

Kandel, D. B. (1996): The Parental and Peer Contexts of Adolescent Deviance: An Algebra of Interpersonal Influences. In: Journal of Drug Issue 26. 2. 289-315

Keller, H. (Hrsg.) (1989): Handbuch der Kleinkindforschung. Neuwied: Luchterhand

Klieme, E./Artelt, C./Hartig, J./Jude, N./Köller, O./Prenzel, M./Schneider, W./Stanat, P. (Hrsg.) (2010): PISA 2009. Bilanz nach einem Jahrzehnt. Münster: Waxmann

Konert, B. (2004): Deutschland und die digitale Welt: Faktoren der Teilung – Faktoren der Integration. In: Gehrke (2004): 15-29

Kreppner, K. (1998): Sozialisation in der Familie. In: Hurrelmann/Ulich (1998): 321-334

Krüger, H.-H. (Hrsg.) (1988): Handbuch der Jugendforschung. Opladen: Leske+Budrich

Krüger, H.-H./Rabe-Kleberg, U./Kramer, R.- T./Budde, J. (Hrsg.) (2010): Bildungsungleichheit revisited. Bildung und soziale Ungleichheit vom Kindergarten bis zur Hochschule. Wiesbaden: VS Verlag für Sozialwissenschaften

Kutscher, N. (2010): Digitale Ungleichheit: Soziale Unterschiede in der Mediennutzung. In: Cleppien/Lerche (2010): 153-164

Lam, L. T./Peng, Z. W. (2010): Effect of pathological use of the internet on adolescent mental health: a prospective study. In: Archives of Pediatrics and Adolescent Medicine 164. 10. 901-906

Lange, Andreas/Sander, Ekkehard (2010). Mediensozialisation in der Familie. In: Vollbrecht/Wegener (2010): 180-191

Lee, J. (2011): South Korea pulls plug on late-night adolescent online gamers. In: CNN International, 22.November 2011 (http://edition.cnn.com/2011/11/22/ world/asia/south-korea-gaming [Zugriff: 25.März 2013])

Lenz, T./Zilien, N. (2005): Medien und soziale Ungleichheit. In: Jäckel (2005): 237-254

Leven, I/Quenzel, G./Hurrelmann, K. (2010): Familie, Schule, Freizeit: Kontinuitäten im Wandel. In: Shell Deutschland Holding (2010): 53-128

Livingstone, S., Haddon, L., Görzig, A., and Ólafsson, K. (2011). Risks and safety on the internet: The perspective of European children. Full Findings. LSE, London: EU Kids Online

Maaz, K./Baumert, J./Trautwein, U. (2010): Genese sozialer Ungleichheit im institutionellen Kontext der Schule: Wo entsteht und vergrößert sich soziale Ungleichheit? In: Krüger et al. (2010): 69-102

Meerkerk, G.-J./van Den Eijnden, R. J. J. M./Vermulst, A. A./Garretsen, H. F. L. (2009): The Compulsive Internet Use Scale (CIUS). Some Psychometric Properties. In: CyberPsychology & Behavior 12. 1. 1-6

Mitsch, W. (2012): Medienstrafrecht. Berlin: Springer

Mitterauer, M. (1986): Sozialgeschichte der Jugend. Frankfurt/M.: Suhrkamp

Mitterauer, M./Sieder, R. (1984): Vom Patriarchat zur Partnerschaft. Zum Strukturwandel der Familie. München: Beck

Moosbrugger H./Kelava, A. (Hrsg.) (2012): Testtheorie und Fragebogenkonstruktion. Mit 66 Abbildungen und 41 Tabellen. Berlin: Springer

MPFS – Medienpädagogischer Forschungsverband Südwest (2011): JIM-Studie 2011. Jugend, Information, (Multi-)Media. Basisuntersuchung zum Medienumgang 12- bis 19-Jähriger in Deutschland

MPFS – Medienpädagogischer Forschungsverband Südwest (2012): JIM 2012. Jugend, Information, (Multi-)Media. Basisstudie zum Medienumgang 12- bis 19-Jähriger in Deutschland

Müller, M./Poguntke, W. (2010): Basiswissen Statistik. Herdecke: W3l

Nauck, B./Schneider, N. F./Tölke, A. (Hrsg.) (1995): Familie und Lebensverlauf im gesellschaftlichen Umbruch. Stuttgart: Enke

Nave-Herz, R. (2002): Familie heute. Wandel der Familienstrukturen und Folgen für die Erziehung. Darmstadt: Primus

Nave-Herz, R. (2004): Ehe- und Familiensoziologie. Eine Einführung in Geschichte, theoretische Ansätze und empirische Befunde. Weinheim: Juventa

Niederbacher, A./Zimmermann, P. (2011): Grundwissen Sozialisation. Einführung zur Sozialisation im Kindes- und Jugendalter. Wiesbaden: VS Verlag für Sozialwissenschaften

Norris, P. (2001): Digital Divide. Civic Engagement, Information Poverty, and the Internet Worldwide. Cambridge: University Press

OECD (2001): Understanding the Digital Divide. Paris (http://www.oecd.org/sti/1888451.pdf [Zugriff: 16.August 2013])

OECD (2011): PISA 2009 Results: Students on Line: Digital Technologies and Performance (Volume VI). Paris (http://www.oecd.org/pisa/pisaproducts/pisa2009/48270093.pdf [Zugriff: 16.August 2013])

Oerter, R./Montada, L. (Hrsg.) (2008): Entwicklungspsychologie. Weinheim: Beltz PVU

Olson, D. H./Sprenkle, D.H./Russel, C.S. (1979): Circumplex Model of marital and family systems. I. Cohesion and adaptability dimensions, family types, and clinical applications. In: Family Process 18. 1. 3-28

Ott, N. (2001): Der Erklärungsansatz der Familienökonomik. In: Huinink et al. (2001): 129-143

Paus-Hasebrink, I. (2009): Mediensozialisation von Kindern aus sozial benachteiligten Familien. In: Bundeszentrale für politische Bildung (Hrsg.): APuZ Aus Politik und Zeitgeschichte 17. 20-25

Paus-Hasebrink, I. (2010): Fernsehen als Familienmittelpunkt. Eine Panelstudie zum Medienhandeln sozial benachteiligter Eltern und Kinder. In: merz – Medien und Erziehung 54. 4. 19-25.

Paus-Hasebrink, I./Bichler, M. (2008): Mediensozialisationsforschung. Theoretische Fundierung und Fallbeispiel sozial benachteiligter Kinder. Innsbruck: Studien Verlag

Perren, S. (2011): Entwicklungsprobleme im Autonomisierungsprozess: Moderne Freiheiten und ihre potentiellen Risiken im Jugendalter. In: Albisser/Buschor (2011): 183-202

Petersen, K. U./Wartberg, L. (2012): Stand der Forschung: Exzessive und suchtartige Computer- und Internetnutzung. In: Kammerl et al. (2012): 15-20

Petersen, K. U./Thomasius, R. (2010): Beratungs- und Behandlungsangebote zum pathologischen Internetgebrauch in Deutschland. Lengerich: Pabst Science Publishers

Petzold, M. (1999): Entwicklung und Erziehung in der Familie. Familienpsychologie im Überblick. Baltmannsweiler: Schneider Hohengehren

Petzold, M. (2001): Familien heute. Sieben Typen familialen Zusammenlebens. In: TelevIZIon 1. 14. 16-19

Pfaff, D.W. (Hrsg.) (2013) Neuroscience in the 21st Century, New York: Springer

Pinquart, M./Silbereisen, R.K. (2005): Personale Disposition und familiärer Kontext. In: Thomasius/ Küstner (2005): 13-20

Pikowsky, B./Hofer, M. (1992): Die Familie mit Jugendlichen. Ein Übergang für Eltern und Kinder. In: Hofer et al. (1992): 194-216

Prenzel, M./Artelt, C./Baumert, J./Blum, W./Hammann, M./Klieme, E./Pekrun, R. [PISA-Konsortium Deutschland] (Hrsg.) (2008): PISA 2006 in Deutschland. Die Kompetenzen des Jugendlichen im dritten Ländervergleich. Münster: Waxmann

Prenzel, M. (2008): Ergebnisse des Ländervergleichs bei PISA 2006 im Überblick. In: Prenzel et al. (2008): 15-30

Raithel, J. (Hrsg.) (2001): Risikoverhaltensweisen Jugendlicher. Formen, Erklärungen und Prävention. Opladen: Leske+Budrich

Rasch, B./Friese, M./Hofmann, W./Naumann, E. (2006): Quantitative Methoden. Einführung in die Statistik. Berlin: Springer

Ratzke, K./Gebhardt-Kremin, S./Zander, B. (2008): Diagnostik der Erziehungsstile. In: Cierpka (2008): 241-259

Rehbein, F./Kleimann, M./Mößle, T. (2009): KFN-Forschungsbericht Nr. 108: Computerspielabhängigkeit im Kindes- und Jugendalter. Empirische Befunde zu Ursachen, Diagnostik und Komorbitäten unter besonderer Berücksichtigung spielimmanenter Abhängigkeitsmerkmale. Hannover: Kriminologisches Forschungsinstitut Niedersachsen

Rosenkranz, M. (2012): Quantitative repräsentative Studie. In: Kammerl et al. (2012): 112-150

Rost, D.H. (Hrsg.) (2006): Handwörterbuch Pädagogische Psychologie. Weinheim: Beltz PVU

Rumpf, H.-J-/Meyer, C./Kreuzer, A./John, U. (2011): Prävalenz der Internetabhängigkeit (PINTA). Bericht an das Bundesministerium für Gesundheit. Universität Lübeck, Klinik für Psychiatrie und Psychotherapie

Saß, H./Wittchen, H.-U./Zaudig, M./Houben, I. (2003): Diagnostisches und Statistisches Manual Psychischer Störungen. –Textrevision– DSM-IV-TR (Deutsche Bearbeitung). Göttingen: Hofgrefe

Schäfer, T. (2011): Statistik II. Inferenzstatistik (Basiswissen Psychologie). Wiesbaden: VS Verlag für Sozialwissenschaften

Scherr, A. (2010): Soziale Ungleichheit als Sozialisationsbedingung. In: Theunert (2010): 23-34

Schermelleh-Engel, K./Werner, C. S. (2012): Methoden der Reliabilitätsbestimmung. In: Moosbrugger/Kelava (2012): 119-141

Schicha, C./Brosda, C. (Hrsg.) (2010): Handbuch Medienethik. Wiesbaden: VS Verlag für Sozialwissenschaften

Schmidt, J./Paus-Hasebrink, I./Hasebrink, U. (Hrsg.) (2009): Heranwachsen mit dem Social Web. Zur Rolle von Web 2.0-Angeboten im Alltag von Jugendlichen und jungen Erwachsenen. Berlin:Vistas

Schneekloth, U./Pupeter, M. (2010): Familie als Zentrum: Bunt und vielfältig, aber nicht für alle Kinder gleich verlässlich. In: World Vision Deutschland e.V. (2010): 61-93

Schneewind, K. A. (2006): Familienpsychologie. In: Rost (2006): 187-200

Schneewind, K. A. (2008): Sozialisation und Erziehung im Kontext der Familie. In: Oerter/Montada (2008): 117-145

Schneider, N.F. (Hrsg.) (2008): Lehrbuch Moderne Familiensoziologie. Theorien, Methoden, empirische Befunde. Opladen: Budrich

Schorr, A. (Hrsg.) (2009): Jugendmedienforschung. Forschungsprogramme. Synopse, Perspektiven. Wiesbaden: VS Verlag für Sozialwissenschaften

Schorr, A. (2009): Neue Gefahren: Onlinesucht – Exzessive Internetnutzung, die psychisch krank macht. In: Schorr (2009): 337-390

Schütze, Y. (1988): Jugend und Familie. In: Krüger (1988): 233-248

Schuhler, P./Vogelgesang, M./Flatau, M./Sobottka, B./Fischer, T./Schwarz, S./Brommundt, A./Beyer, L. (2012): Pathologischer PC-/Internet-Gebrauch bei Patient/Innen der stationären psychosomatischen und Suchtrehabilitation. Abschlussbericht. AHG Klinik Münchwies

Schwinge, C. (2012): Gruppendiskussionen. In: Kammerl et al. (2012): 52-83

Shek, D. T. L./Sun, R. C. F./Yu, L. (2013): Internet addiction. In: Pfaff (2013): 2775-2811

Shell Deutschland Holding (Hrsg.) (2010): Jugend 2010. Eine pragmatische Generation behauptet sich. Frankfurt/Main: Fischer Taschenbuch

Sigel, I.E./ McGillicuddy-DeLisi, A.V./Goodnow, J.J. (Hrsg.) (1992): Parental Belief Systems: The Psychological Consequences for Children. Second Edition. Hillsdale: Erlbaum

Siomos, K./Floros, K./Fisoun, V./Evaggelia, D./Farkonas, N./Sergentani, E./Lamprou, M./Geroukalis, D. (2012): Evolution of Internet addiction in Greek adolescent students over a two-year period: the impact of parental bonding. In: European Child and Adolescent Psychiatry 21. 4. 211-219

Six, U./Gimmler, R./Vogel, I. (2002): Medienerziehung in der Familie. Hintergrundinformationen und Anregungen für medienpädagogische Elternarbeit. Kiel: Unabhängige Landesanstalt für das Rundfunkwesen

Six, U./Gimmler, R./Vogel, I. (2003): Medienerziehung in der Familie. Ein *Light*faden. Anregungen und Hilfestellungen für Eltern. Kiel: Unabhängige Landesanstalt für das Rundfunkwesen

Smahel, D./Helsper, E./Green, L./Kalmus, V./Blinka, L./Ólafsson, K. (2012): Excessive Internet Use among European Children. LSE, London: EU Kids Online: 1-9

Smetana, J.G./Yau, J./Hanson, S. (1991): Conflict resolution in families with adolescents. In: Journal of Research on Adolescence 1. 2. 189-206

Smyth, Joshua M. (2007): Beyond self-selection in video game play: an experimental examination of the consequences of massively multiplayer online role-playing game play. In: CyberPsychology & Behavior 10. 5. 717-721.

Spangler, G./Zimmermann, P. (Hrsg.) (2009): Die Bindungstheorie. Grundlagen, Forschung und Anwendung. Stuttgart: Klett-Cotta

Stapf, I. (2010): Selbstkontrolle. In: Schicha/Brosda (2010): 164-185

Statistische Ämter des Bundes und der Länder (Hrsg.) (2011): Internationale Bildungsindikatoren im Ländervergleich. Wiesbaden: Statistisches Bundesamt

Steinberg, L. (2001): We Know Some Things: Parent-Adolescent Relationsships in Retrospect and Prospect. In: Journal of Research in Adolescence 11. 1. 1-19

Steiner, O./Goldoni, M. (2011): Medienkompetenz und medienerzieherisches Handeln von Eltern. Eine empirische Untersuchung bei Eltern von 10- bis 17-jährigen Kindern in Basel-Stadt. Hochschule für Soziale Arbeit, Fachhochschule Nordwestschweiz: Basel/Olten

Stieglitz, R. D. (1999): Cierpka, M. und Frevert, G. (1994) – Die Familienbögen. Ein Inventar zur Einschätzung von Familienfunktionen. In: Zeitschrift für Klinische Psychologie und Psychotherapie 28. 3. 223–224.

Süddeutsche Zeitung Digital (2010): Spieleverbot für Chinas Kinder. Drei Stunden Spielzeit. 21.Mai (http://www.sueddeutsche.de/digital/spieleverbot-fuer-chinas-kinder-drei-stunden-spielzeit-1.911443 [Zugriff: 13.September 2013])

Süss, D. (2004): Mediensozialisation von Heranwachsenden. Dimensionen – Konstanten – Wandel. Wiesbaden: VS Verlag für Sozialwissenschaften

Süss, D./Lampert, C./Wijnen, C.W. (2010): Medienpädagogik. Ein Studienbuch zur Einführung. Wiesbaden: VS Verlag für Sozialwissenschaften

Tavernise, S. (2011): Adoptions Rise by Same-Sex Couples, Despite Legal Barriers. In: The New York Times, 14. Juni, S. A11 (http://www.nytimes.com/2011 /06/14/us/14adoption.html?p agewanted=all [Zugriff: 07.September 2012])

Tichenor, P.J./Donohue, G. A./Olien, C. N. (1970): Mass Media Flow and Differential Growth in Knowledge. In: Public Opinion Quarterly 34. 2. 159-170

The Nielsen Company (o.J.) (http://www.de.nielsen.com/company/ acnielsengebiete.shtml [Zugriff: 07.Januar 2013])

Theunert, H. (Hrsg.) (2010): Medien. Bildung. Soziale Ungleichheit. Differenzen und Ressourcen im Mediengebrauch Jugendlicher. Schriftenreihe Interdisziplinäre Diskurse, Band 5. München: Kopaed

Thomas, P.M./Calmbach, M. (Hrsg.) (2013): Jugendliche Lebenswelten. Perspektiven für Politik, Pädagogik, Gesellschaft. Berlin: Springer

Thomasius, R./Küstner, U. J. (Hrsg.) (2005): Familie und Sucht. Stuttgart: Schattauer

Timothy, S./Gentile, D./Bricolo, F./Serpelloni, G./Gulamoydeen, F. (2012): A Conceptual Review of Research on the Pathological Use of Computers, Video Games and the Internet. In: International Journal of Mental Health and Addiction 10. 1. 1-22

Tully, C. (Hrsg.) (2009): Multilokalität und Vernetzung. Beiträge zur technikbasierten Gestaltung jugendlicher Sozialräume. Weinheim: Juventa

Unterhaltungssoftware Selbstkontrolle (http://www.usk.de/pruefverfahren/genres/ untergenres-vonrollenspiel/ [Zugriff: 21. März 2013])

Vallerand, R. J./Blanchard, C./Mageau, G. A./Koestner, R./Ratelle, C./Léonard, M./Marsolais, J. (2003): Les passions de l'âme: On obsessive and harmonious passion. In: Journal of Personality and Social Psychology 85. 4. 756-767

van den Eijnden, R. J. J. M./Spijkerman, R./Vermulst, A. A./van Rooij, T. J./Engels, R. C. M. E. (2010): Compulsive Internet Use Among Adolescents. Bidirectional Parent-Child Relationships. In: Journal of Abnormal Child Psychology 38. 1. 77-89

van Eimeren, B./Frees, B. (2012): Ergebnisse der ARD/ZDF Onlinestudie 2012. 76 Prozent der Deutschen online - neue Nutzungssituationen durch mobile Endgeräte. In: Media Perspektiven 7-8. 362-379

van Rooij, A. J./Schoenmakers, T. M./Vermulst, A. A./van den Eijnden, R. J. J. M./van de Mheen, D. (2011): Online video game addiction: identification of addicted adolescent gamers. In: Addiction 106. 1. 205–212

Vollbrecht, R. (2003): Aufwachsen in Medienwelten. In: Fritz et al. (2003): 13-24

Vollbrecht, Ralf/Wegener, Claudia (Hrsg.) (2010). Handbuch Mediensozialisation. Wiesbaden: VS Verlag für Sozialwissenschaften

von Lucius, R. (2009): Neue Initiative. Niedersachsen will Online-Spielsucht eindämmen. In: Frankfurter Allgemeine Zeitung, 16.März (http://www.faz.net /aktuell/politik/inland/neue-initiativeniedersachsen-will-online-spielsucht-eindaemmen-1920182.html [Zugriff: 21.März 2013])

Voß, W. (Hrsg.) (2004): Taschenbuch der Statistik. München: Carl Hanser

Wang, C.-C./Chu, Y.-S. (2007): Harmonious passion and obsessive passion in playing online games. In: Social Behavior and Personality 35. 7. 997-1006

Willems, H. (Hrsg.) (2008): Lehr(er)buch Soziologie. Für die pädagogischen und soziologischen Studiengänge. Band 2. Wiesbaden: VS Verlag für Sozialwissenschaften

Wissenschaftlicher Beirat für Familienfragen beim BMFSFJ (2002): Die bildungspolitische Bedeutung der Familie – Folgerungen aus der PISA-Studie. Schriftenreihe des Bundesministeriums für Familie, Senioren, Frauen und Jugend, Band 224. Stuttgart: Kohlhammer

Witte, E./Doll, J. (Hrsg.) (2011): Sozialpsychologie, Sozialisation und Schule. Lengerich: Pabst Science Publishers

Wölfling, K. (2010): Computerspielsucht. Kinder, Jugendliche und junge Erwachsene im Sog der modernen Medien. In: Dittler/Hoyer (2010): 267-274

Wölfling, K./Müller, K.W. (2010): Pathologisches Glücksspiel und Computerspielabhängigkeit. Wissenschaftlicher Kenntnisstand zu zwei Varianten substanzungebundener Abhängigkeitserkrankungen. In: Bundesgesundheitsblatt – Gesundheitsforschung – Gesundheitsschutz 53 4. 306-312

World Vision Deutschland e.V. (Hrsg.) (2010): Kinder in Deutschland. 2. World Vision Kinderstudie. Frankfurt/Main: Fischer Taschenbuch

World Vision Deutschland e.V. (2010): Zusammenfassung. In: World Vision Deutschland e.V. (2010): 16-34

World Vision Deutschland e.V. (Hrsg.) (2010): Dokumentation des Herkunftsschicht-Index. In: World Vision Deutschland e.V. (2010): 408-409

Wulf, C. (Hrsg.) (1997): Vom Menschen. Handbuch Historische Anthropologie. Weinheim: Beltz

Yen, J.-Y./Yen, C.-F./Chen, C.-C./Chen, S.-H./Ko, C.-H (2007): Family Factors of Internet Addiction and Substance Use Experience in Taiwanese Adolescents. CyberPsychology & Behavior 10. 3. 323-329

Young, K. S. (1998): Caught in the net. How to recognize the signs of Internet addiction – and a winning strategy for recovery. New York: Wiley

Young, K.S./Rodgers, R.C. (1998): The relationships between depression and internet addiction. In: CyberPsychology & Behavior 1. 1. 25-28

Youniss, J. (1983): Social construction of adolescence by adolescents and parents. In: Grotevant/Cooper (1983): 93-110

Youniss, J./DeSantis, J.P./Henderson, S.H. (1992): Parents' approaches to adolescents in alcohol, friendship, and school situations. In: Sigel et al. (1992): 199-218

Zilien, N. (2006): Digitale Ungleichheit. Neue Technologien und alte Ungleichheiten in der Informations- und Wissensgesellschaft. Wiesbaden: VS Verlag für Sozialwissenschaften

Zimmermann, P. (2006): Grundwissen Sozialisation. Einführung zur Sozialisation im Kindes- und Jugendalter. Wiesbaden: VS Verlag für Sozialwissenschaften

Printed in Great Britain
by Amazon